CHÈRE,

Que le Tout-Puissant vous bénisse, vous et votre famille, de sa bénédiction.

Histoires de Prophètes
Publié par Éditions Hidayah

Copyright © 2022 Hidayah Publishers

Tous droits réservés. Aucune partie de ce livre ne peut être reproduite sous quelque forme que ce soit sans l'autorisation de l'éditeur, sauf si la loi américaine sur le droit d'auteur l'autorise.

ISBN: 978-1-990544-51-4

HISTOIRES DE PROPHÈTES

Prophète Adam (A.S)

Prophète Nuh (A.S)

Prophète Ismael (A.S)

Prophète Yusuf (A.S)

Prophète Yunus (A.S)

Prophète Musa (A.S)

Prophète Suleman (A.S)

Prophète Isa (A.S)

Prophète Muhammad (S.A.W.W)

PROPHÈTE ADAM

(ALAIHI SALAM)

Des cieux à la terre

Il y a bien longtemps, Allah (S.W.T) a créé cet Univers. Cet Univers a été créé avec de nombreux corps célestes et sept cieux. Parmi ceux-ci, Allah a créé de nombreuses espèces et de nombreux êtres. À cette époque, la Terre était dominée par les djinns, et les cieux étaient remplis par des Anges obéissants. Mais indépendamment de ces innombrables créatures, Allah a décidé de faire un être vivant spécial. Un être qui dépassera tous les rangs en matière de connaissances que les autres créatures.

Il a donc demandé à ses anges de recueillir de l'argile sur la Terre. Les Anges obéissants ont recueilli de l'argile et Allah en a fait une figure humaine qu'il a nommée Adam (A.S).

Mais le chiffre n'a pas bougé pendant quarante longues années. Il est resté immobile. Quand Iblees, qui était comme un professeur des Anges à l'époque, a vu cette figure, il était confus et effrayé.

Après quarante ans, Allah (S.W.T) a insufflé son esprit à Adam (A.S). Lorsque l'esprit a atteint la tête de la figure. Il a éternué. Quand l'esprit a atteint ses yeux, il a vu toute la nourriture étonnante qui traînait. Puis l'esprit a atteint son estomac et Adam (A.S) s'est senti affamé. Le prophète avait vu les fruits qui traînaient, alors avant même que l'esprit n'atteigne ses jambes, il a sauté vers les fruits. Adam (A.S) est descendu car il ne pouvait pas bouger ses jambes. Allah a donné à Adam (A.S) une vaste connaissance de ces choses. Allah a enseigné à Adam (A.S) les noms de tous les animaux du Paradis. Le lion, le mouton, le chameau, l'éléphant, le chien, le paon et bien d'autres encore.

Puis Allah (S.W.T) a demandé à tous les Anges, y compris Iblees, de se prosterner devant Adam (A.S) en signe de respect. Un par un, tous les Anges se sont prosternés devant le Prophète, sauf Iblees.

Iblees a dit qu'il était meilleur et supérieur au Prophète et qu'il était fait de feu. Il ne comprenait pas la volonté d'Allah et refusait d'obéir aux ordres d'Allah.

Allah (S.W.T) s'est fâché de cette désobéissance. Il a donc banni Iblees du paradis. À partir de ce jour, Iblees a été appelé "le Satan/Shaïtien" et il a été jeté en enfer. Il était désormais un paria. Shaitaan était maintenant furieux contre les humains car il avait été banni du paradis à cause d'eux. Il a juré de se venger en trompant les humains dans la voie d'Allah.

Allah (S.W.T) a dit au Prophète Adam (A.S) qu'il était autorisé à manger tous les fruits du jardin sauf un. Allah a dit au Prophète qu'il ne devait pas manger le fruit de l'arbre de la connaissance, car cela lui était interdit. Il passait la plupart de son temps à jouer avec les animaux au Paradis. Après quelques années, le prophète se sentit seul car il n'y avait pas d'autres humains au Paradis. Allah (S.W.T) l'a vu et il a donc décidé de donner une femme à Adam (A.S).

Une nuit, alors que le prophète dormait, Dieu créa la première femme, Hawwa (Eve). Lorsque le Prophète s'est réveillé, il était heureux de voir la femme. Sa solitude s'est immédiatement dissipée.

Adam (A.S) a demandé : "Qui êtes-vous ?"

"Allah m'a créé, pour que vous puissiez trouver votre paix et votre tranquillité avec moi", a-t-elle répondu. Allah (S.W.T) leur a dit : "Mangez de ce paradis, tout ce que vous désirez". Tous deux ont vécu heureux au

Paradis pendant quarante ans. Mais Allah (S.W.T) les a avertis de ne même pas s'approcher de cet "arbre interdit".

De nombreuses années se sont écoulées. Shaitaan savait donc que le Prophète devait avoir oublié les paroles d'Allah. Shaitaan était toujours en colère contre les humains. Il est entré dans Jannah et les a piégés pour qu'ils mangent de cet arbre en jurant faussement par Allah. Shaitaan a dit que si vous mangez de cet arbre, vous deviendrez comme les anges. Vous deviendrez immortels. Pensez-y.

Adam (A.S) n'a jamais entendu quelqu'un mentir de sa vie, alors ils sont tous les deux tombés dans le panneau. Le Prophète et sa femme ont cueilli le fruit sans le savoir et ont commencé à le manger. Mais avant même de pouvoir finir de manger le fruit, ils savaient qu'ils avaient commis un grave péché. Ils sont maintenant remplis de douleur, de tristesse et de honte. Ils ont réalisé qu'ils étaient nus. Car ils ont couru pour se couvrir de feuilles. Ils avaient maintenant très peur car ils savaient qu'Allah les punirait pour leur désobéissance.

Allah (S.W.T) a dit : "Ne vous ai-je pas averti de ne pas manger de cet arbre ? Que le Shaitaan est votre ennemi déclaré."

Ils ont dit : "O notre Seigneur ! Nous nous sommes fait du tort. Et si tu n'as pas pitié de nous, si tu ne nous pardonnes pas, alors nous serons des perdants."

Ils ont réalisé leur erreur, mais il était trop tard. Et maintenant, ils devaient supporter ce qui leur arriverait. Alors, ils ont été envoyés sur la Terre. Ils sont descendus sur Terre dans des endroits différents. Et donc, ils ont commencé à chercher l'un et l'autre. Ils ont fait connaissance, ils se sont retrouvés sur la montagne d'Arafat. Là, ils ont renouvelé leur vie sur Terre. Ils se sont finalement installés près d'une rivière.

Le prophète savait que la vie sur Terre serait très difficile. Il devait leur construire une maison pour qu'ils puissent vivre. Il devait travailler dur pour nourrir sa famille. Ils n'avaient plus les plaisirs dont ils jouissaient au Paradis.

Après quelques années, Hawwa a donné naissance à des jumeaux, un garçon et une fille. Ils ont appelé le garçon "Qabil". Qabil n'était pas très beau alors que la sœur jumelle de Qabil était belle. Plus tard, Hawwa a donné naissance à un autre jumeau, encore une fois, un garçon et une fille. Cette fois, ils ont appelé le garçon "Habil". Habil était un peu plus beau, mais sa sœur jumelle n'était pas aussi séduisante.

Habil et Qabil ont tous deux grandi. Qabil s'est lancé dans l'agriculture, le travail dans les champs et la culture. Quand Habil a grandi, il est devenu berger et s'est occupé des moutons. Quand Habil et Qabil sont devenus adultes, le prophète Adam (A.S) a décidé de les marier. Comme il n'y avait pas d'autres femmes sur Terre, le Prophète décida de marier Qabil à la sœur jumelle de Habil et Habil à la sœur jumelle de Qabil.

Qabil n'était pas heureux car la soeur de Habil n'était pas si belle. Il voulait épouser sa propre soeur. Il y a eu une dispute, alors le prophète Adam (A.S) les a réunis et a réglé la question en offrant un sacrifice à Allah (S.W.T). Il a été décidé que celui dont le sacrifice est accepté, épousera la soeur de Qabil.

Habil a recueilli les meilleurs moutons de son troupeau et les a offerts en sacrifice à Allah (S.W.T). Mais Qabil ne voulait pas offrir les meilleurs fruits et légumes en sacrifice. Il a plutôt choisi les mauvais légumes et céréales pour le sacrifice. Allah (S.W.T) a accepté le sacrifice de Habil mais a rejeté celui de Qabil. Le Prophète Adam (A.S) était présent lorsqu'ils ont fait leurs sacrifices et il a été décidé que Habil épouserait la soeur de Qabil. Qabil n'était pas du tout heureux. Il était tellement en colère qu'il voulait tuer Habil.

Un jour, Habil est rentré tard chez lui et le Prophète a demandé à Qabil de le rechercher. Qabil est parti à la recherche de Habil dans les champs. Finalement, il a trouvé Habil marchant vers la maison. Qabil était toujours en colère contre Habil.

"Votre offre a été acceptée, mais pas la mienne. " a déclaré Qabil.

Habil a répondu : "Allah (S.W.T) n'accepte que de ceux qui le craignent. "

Qabil était furieux d'entendre cela, et il a ramassé une pierre pour frapper Habil. Habil a vu cela et même s'il était plus grand et plus fort que Qabil, la piété de Habil envers Allah (S.W.T) l'a arrêté. Il a dit : "Même si tu tends la main pour me tuer, je ne tendrai jamais la main pour te faire du mal parce que je crains Allah. "

Ce commentaire a encore plus irrité Qabil, et il l'a frappé avec la pierre, le tuant instantanément. Quand Qabil a réalisé que Habil était mort, il était terrifié et ne savait pas quoi faire. Il ne voulait pas que son père sache ce qu'il avait fait. Alors, il a commencé à réfléchir à des moyens de cacher son péché. Qabil errait de place en place avec le corps de Habil, essayant de le cacher. C'est alors qu'il a vu deux corbeaux se battre entre eux. Pendant le combat, un corbeau a tué l'autre et le mort est tombé.

Le corbeau victorieux a gratté et creusé un trou dans le sol. Il a enterré le corbeau mort dans le trou. Puis il a rempli le trou de boue. Cela donna l'idée à Qabil, et comme les corbeaux, il creusa un trou dans le sol et y enterra le corps de son frère.

C'était la première sépulture d'un homme. Qabil avait honte de ce qu'il avait fait. Il regrettait, mais il ne s'est pas repenti. Il n'a pas demandé à Allah (S.W.T) de lui pardonner. Shaitaan l'avait conquis et il savait qu'il ne pouvait plus retourner dans sa famille.

La nouvelle est parvenue à leur mère, Hawwa en premier. Puis elle s'est mise à pleurer. Le prophète Adam (A.S) savait ce qui s'était passé et il a pleuré la perte de son fils. Il avait perdu ses deux fils ; l'un était mort, et Shaitaan avait trompé l'autre. Il a mis en garde ses autres enfants contre le shaitaan et leur a demandé de toujours obéir aux ordres d'Allah (S.W.T).

Le prophète Adam (A.S) avait vieilli et ses enfants l'aimaient beaucoup. Lorsque le prophète Adam (A.S) a réalisé que sa mort était proche, il a nommé Seth (A.S) comme successeur de sa famille.

Il a dit à ses enfants : "O mes enfants, j'ai en effet un appétit pour les fruits du Paradis."

Ils sont donc partis à la recherche de ce qu'Adam (A.S) avait demandé. Ils ont rencontré les anges, qui avaient avec eux sa couverture et ce avec quoi il devait être embaumé.

Les anges leur ont dit : "Ô enfants d'Adam, que cherchez-vous ? Que voulez-vous ? Où allez-vous ?" Ils ont dit : "Notre père est malade et a un appétit pour les fruits du Paradis."

Les anges leur ont dit : "Retourne, car ton père va bientôt connaître sa fin."

Alors, ils sont revenus avec les anges. Quand Hawwa les a vus, elle les a reconnus. Elle a essayé de se cacher derrière Adam (A.S).

"Laissez-moi tranquille. Je suis venu avant toi ; ne t'interpose pas entre moi et les anges de mon Seigneur." Il a dit.

Ensuite, l'ange de la mort se tenait à ses côtés. Il rassembla ses enfants sur son lit de mort et leur rappela

"Allah (S.W.T) vous enverra des Messagers. Il ne vous laissera pas seuls. Les prophètes auraient des noms, des traits et des miracles différents, mais ils seraient unis dans une seule chose, leur message sera tous un, l'appel à adorer Allah seul, celui qui vous a créés. Et de rester loin de la Shaitaan. Le plus grand péché que l'on puisse commettre est d'associer un partenaire au créateur".

Après avoir rappelé ses enfants, l'ange de la mort lui a pris son âme. Il est mort paisiblement. Il était heureux de partir car il savait qu'il retournait vers Allah (S.W.T). Comme l'a dit le prophète Muhammad (P.B.U.H), "Le don d'un vrai croyant est la mort".

Ses fils l'embaumèrent et l'enveloppèrent, creusèrent la tombe et l'y déposèrent. Ils ont prié pour lui et l'ont mis dans sa tombe en disant

"Ô enfants d'Adam, c'est votre tradition au moment de la mort."

PROPHÈTE NUH

(ALAIHI SALAM)

Quand les inondations ont noyé toute l'humanité sur terre

Allah (S.W.T) a envoyé le prophète Nuh (Noah) (A.S) sur Terre, mille ans après avoir envoyé le prophète Adam (A.S). À cette époque, la population de la Terre avait déjà beaucoup augmenté et à ce moment-là, le maléfique "Shaitaan" avait joué ses sales tours à l'humanité et fait en sorte que les gens commencent à adorer des idoles. C'est à cette époque qu'Allah (S.W.T) a envoyé un autre prophète sur Terre.

Le prophète Nuh (A.S) a guidé les gens vers le culte d'un seul Dieu, Allah (S.W.T), mais ce ne sera pas une tâche facile pour le prophète. Nuh (A.S) était un excellent orateur et un homme très patient. Il a montré à son peuple les mystères de la vie et les merveilles de l'univers. Il a fait remarquer que la nuit est régulièrement suivie par le jour et que l'équilibre entre ces opposés a été conçu par Allah le Tout-Puissant pour notre bien. La nuit apporte la fraîcheur et le repos, tandis que le jour apporte la chaleur et réveille l'activité. Le soleil encourage la croissance, maintenant toutes les plantes et tous les animaux en vie, tandis que la lune et les étoiles aident au calcul du temps, de la direction et des saisons. Il a souligné que la propriété des cieux et de la terre n'appartient qu'au Créateur divin.

Il a donc expliqué à ce peuple qu'il ne pouvait y avoir plus d'une divinité. Il leur a expliqué comment le diable les avait trompés pendant si longtemps et que le temps était venu pour que cette tromperie cesse. Nuh (A.S) leur parla de la glorification de l'homme par Allah, comment Il l'avait créé et lui avait fourni la nourriture et les bénédictions d'un esprit. Il leur dit que l'adoration des idoles était une injustice étouffante pour l'esprit. Il les avertit de n'adorer personne d'autre qu'Allah et leur décrivit le terrible châtiment qu'Allah leur infligerait s'ils continuaient dans leurs mauvaises voies.

"Craignez Allah et faites ce qu'Allah dit !" criait le Prophète à tous.

Mais les gens n'ont pas voulu écouter. Ils ont secoué la tête et ont continué à vénérer les idoles. Le

Prophète était un excellent orateur, et il était aussi très patient.

"Ne comprenez-vous pas que c'est Allah qui a créé le monde entier ?" s'écria le Prophète. "C'est Allah qui a créé le soleil, la lune et les étoiles que vous voyez dans le ciel. Il a créé les rivières, les montagnes, les arbres et tout ce que vous voyez autour. Il a fait tout cela pour vous, et vous seul. Alors pourquoi ne lui montrez-vous aucun respect ? Pourquoi adorez-vous ces idoles ?"

Mais les gens lui ont tourné le dos en disant

"Huh ! Qui êtes-vous pour nous conseiller ? Vous n'êtes qu'un homme comme les autres. Et nous pensons que vous mentez. Partez et laissez-nous tranquilles !"

Mais il y avait aussi de bons musulmans sur Terre, mais la plupart d'entre eux étaient faibles et pauvres. Ils écoutent les paroles du Prophète et se rendent compte qu'ils commettent un péché en adorant les idoles.

Il y avait deux groupes différents de personnes sur Terre, l'un qui adorait Allah [S.W.T] et l'autre qui continuait à adorer les idoles.

Nuh (A.S) a continué à prêcher au peuple pendant de nombreuses années. Les adorateurs d'idoles ont rapidement été épuisés par la prédication du Prophète.

"Vous prêchez des mensonges depuis assez longtemps", ont-ils dit, "Nous vous lapiderons si vous n'arrêtez pas."

Mais le Prophète les a ignorés et a continué à appeler inlassablement le peuple vers Allah. Il leur prêcha pendant le jour et la nuit. En de nombreuses occasions, les adorateurs de l'idole le lapidaient alors qu'il prêchait à la foule. Ils l'ont même battu avec des bâtons.

"Vous n'êtes pas différents de nous", criaient les adorateurs de l'idole. "Tu n'es pas un prophète. Tu n'es qu'un homme parmi d'autres. Et pourquoi devrions-nous t'écouter ?"

"Je vous dis la vérité", leur dit le Prophète. "Vous commettez un péché en adorant les idoles." "J'ai peur pour vous ! Allah va vous punir un jour", leur cria le Prophète.

Mais le peuple n'avait pas honte. Ils ont dit : "C'est un imbécile, ne l'écoutez pas."

Toute cette douleur n'a pas permis au prophète Nuh (A.S) de cesser d'appeler le peuple. Il a continué à leur prêcher pendant neuf cent cinquante ans. Les infidèles continuèrent à se moquer du Prophète et, à ce jour, ils avaient poussé les choses trop loin. Nuh (A.S) fut déçu, alors que le nombre de mécréants ne cessait d'augmenter. Une nuit, alors que le Prophète offrait ses joueurs, Allah (S.W.T) lui a parlé.

"Ne sois pas triste, Nuh."

"Vous avez fait ce qu'on vous a demandé. Je vais punir tous les gens sur Terre pour leurs méfaits. Tout le monde sur Terre va mourir, sauf les croyants et les animaux", a déclaré Allah (S.W.T).

Dans un premier temps, Dieu a demandé au Prophète de planter plusieurs arbres. Nuh (A.S) n'a pas compris la raison de cette demande, mais il a écouté Allah et a commencé à planter des arbres comme on le lui a dit. Il a également demandé aux croyants de l'écouter et de faire de même. Ils ont fait cela pendant plus de cent ans.

Après de nombreuses années, Allah (S.W.T) a de nouveau commandé le Prophète. Cette fois, il a demandé au Prophète de commencer à construire un navire. Il doit s'agir d'un gigantesque vaisseau pouvant accueillir une paire de chaque animal de la Terre.

Le Prophète était confus car il ne savait pas comment construire un navire car personne n'avait jamais fait de navire auparavant. Malgré cela, le Prophète a commencé à construire le navire avec l'aide de ses disciples. Tout d'abord, ils ont fait des plans pour construire le navire. Certains disent qu'il avait une longueur de six cents pieds, et d'autres disent qu'il avait une longueur de vingt-quatre cents pieds. Quoi qu'il en soit, le navire serait certainement gigantesque.

"Nous vous aiderons à construire le navire", ont dit ses enfants et les croyants, et ils ont rejoint le Prophète. D'abord, le prophète devait choisir un endroit pour construire le navire. Il a choisi les montagnes loin de la ville. Le Prophète a rassemblé les outils et s'est mis à construire le navire. Ils ont commencé à couper les arbres pour le bois. Oui ! C'était les mêmes arbres qu'il avait plantés il y a plus de cent ans. Puis ils ont commencé à construire le bateau selon le plan. Les hommes ont travaillé très dur, jour et nuit, pour construire le navire.

Quand le mécréant les a vus construire un bateau au sommet d'une montagne, ils ont commencé à se moquer d'eux.

"Haha ! tu es un vieux fou", ont-ils dit. "Pourquoi auriez-vous besoin d'un navire aussi énorme ?" dit l'autre. "Et comment allez-vous l'amener à la mer ?"

"Tu le sauras très bientôt", répondit le prophète Nuh (A.S). Les gens ne savaient pas pourquoi le Prophète construisait le navire. Ils pensaient qu'il avait perdu l'esprit.

Le Prophète et ses hommes ont continué à travailler dur. Après de nombreux mois, le navire était enfin prêt. Ils ont remercié Allah (S.W.T) de les avoir aidés à terminer le navire. Le temps de l'inondation approchait de jour en jour. Une nuit, Allah a dit au Prophète qu'il commencerait à inonder la Terre le jour où le Prophète verrait de l'eau sortir du poêle de sa maison.

Cet énorme navire construit par le Prophète comportait trois sections différentes. C'est pour différents types d'animaux. La plus haute était pour les oiseaux. La deuxième partie de la structure était pour les humains, et la troisième pour les animaux.

Le jour de l'inondation approchant, les animaux et les oiseaux ont commencé à arriver un par un. Ils arrivaient par paires, un mâle et une femelle. Il y avait des éléphants, des girafes, des lions, des lapins et différentes espèces d'oiseaux. Bientôt, le bateau était rempli de toute la variété d'animaux et d'oiseaux de la terre.

Un jour, comme Allah (S.W.T) l'avait dit au Prophète Nuh (A.S), de l'eau a soudainement commencé à sortir du fourneau de sa cuisine. C'était le signe que Nuh (A.S) attendait. Il comprit que le moment de l'inondation était arrivé. Quand il est sorti, il a vu qu'il s'était mis à pleuvoir aussi. Ne perdant pas de temps, il est sorti en courant et a appelé tous les croyants qui l'avaient aidé à construire le bateau. Il leur a demandé à tous de monter à bord du navire en même temps.

Les infidèles ne comprenaient pas ce qui se passait. Alors, ils n'ont cessé de se moquer du Prophète et de ses disciples.

"Regardez ces imbéciles !" disaient-ils. "Qu'est-ce qu'il va faire de tous ces animaux et de ces gens ?" Le Prophète les a ignorés et a demandé à ses femmes et à ses fils de monter rapidement à bord du navire. Tout le monde lui a obéi, sauf une de ses femmes et son fils, qui ne sont pas ses disciples.

"Je vais me sauver de l'eau", a dit son fils. "Ne t'inquiète pas pour moi."

Les niveaux d'eau ont augmenté depuis. Le Prophète Nuh (A.S) a donc couru pour monter à bord du navire. Une terrible inondation s'est produite et le niveau de l'eau a rapidement augmenté. La croûte terrestre s'est déplacée et le fond des océans a commencé à s'élever, ce qui a provoqué l'inondation des terres arides. La pluie n'a pas cessé pendant des heures non plus.

Les gens avaient alors réalisé que ce que le prophète leur avait dit était certainement vrai. Ils ont couru vers les montagnes pour se sauver. Le

Prophète vit que sa femme et son fils, escaladant une montagne pour échapper à l'eau. Alors, il leur a crié,

"Allez ! Montez à bord du navire ! Sauvez-vous !"

Mais ils l'ignorent et montent au sommet de la montagne. Puis une énorme vague, plus grande que la montagne sur laquelle ils se tenaient, est venue les frapper. Ces énormes vagues ont balayé et tué tous les infidèles. L'eau ne cessait de monter, et après un certain temps, la Terre était complètement remplie d'eau.

Puis le prophète Nuh (A.S) a dit : "Bismillah !"

Lorsque le Prophète a prononcé ces mots, le navire s'est mis en mouvement. Les pluies avaient cessé, mais la Terre entière était remplie d'eau. Le Prophète savait qu'il devait continuer à naviguer pendant longtemps. Le bateau avait 80 personnes à bord et le Prophète avait pris des précautions pour stocker suffisamment de nourriture pour les gens et les animaux. Allah (S.W.T) avait tout prévu. Il fit en sorte que le navire convienne aussi bien aux moutons silencieux qu'au lion violent. Tous les animaux violents étaient atteints de l'une ou l'autre maladie.

Ils vivaient tous ensemble, mais le prophète a eu beaucoup de mal à cause des rats. Ils étaient partout, courant de haut en bas, grignotant ici et là. C'étaient eux les fauteurs de troubles, alors le Prophète a prié Dieu et c'est alors qu'Allah a créé les chats.

Les chats ont chassé les rats, et au bout d'un certain temps, les rats ont commencé à se comporter eux aussi. Il était difficile de survivre avec toutes les autres espèces dans l'espace confiné d'un navire, mais Allah (S.W.T) a résolu de nombreux problèmes auxquels le prophète Nuh (A.S) a dû faire face pendant le voyage.

Ils ont navigué pendant environ cent cinquante jours mais n'ont pas pu trouver de terre où ils pouvaient voir. Le Prophète et les croyants ont attendu et attendu pendant de nombreux jours. Nuh (A.S) a alors décidé d'envoyer un grand corbeau pour voir s'il pouvait trouver de la terre quelque part, mais le corbeau n'est pas revenu du tout. Le Prophète envoya alors une colombe à la recherche de la terre. La colombe s'est envolée et après quelques jours, elle est revenue avec une branche d'olivier dans son bec.

Le Prophète et ses disciples étaient ravis, car ils savaient qu'ils étaient proches de la terre. Le bateau a navigué plus loin pendant un certain temps et a finalement atteint le sommet du "Mont Judi".

Nuh (A.S) a dit "Bismillah !" et le bateau s'est arrêté de bouger. Avec l'émission de l'ordre divin, le calme est revenu sur terre, l'eau a reculé et la terre ferme a brillé à nouveau dans les rayons du soleil. L'inondation avait nettoyé la terre des incrédules et des polythéistes.

Après avoir voyagé pendant plus de cent cinquante jours, leur voyage s'est finalement achevé. Le prophète et d'autres croyants sont sortis du bateau. Et la première chose qu'il fit, fut de poser son front à terre en prosternation. Le Prophète a d'abord relâché tous les animaux, les oiseaux et les insectes dans la terre. Les survivants ont allumé un feu et se sont assis autour. Il était interdit d'allumer un feu sur le navire afin de ne pas enflammer le bois du navire et le brûler. Aucun d'entre eux n'avait mangé de nourriture chaude pendant toute la durée de l'incendie. Après le débarquement, il y a eu une journée de jeûne en remerciement à Allah (S.W.T).

Ils sont sortis et ont repeuplé la Terre. C'était un nouveau départ pour la race humaine et la Terre a recommencé à se peupler.

"Sauf pour ceux qui sont patients et font de bonnes actions ; ceux-là auront le pardon et une grande récompense." [Hud 11:11]

PROPHÈTE ISMAEL

(ALAIHI SALAM)

L'histoire du Sacrifice

VERS LA DESTINATION DÉSERTE

Après qu'Allah(S.W.T) ait béni le Prophète Ibrahim(A.S) d'un enfant, il a reçu l'instruction, au bout d'un certain temps, de se diriger vers un endroit avec sa femme et son fils. Il s'est réveillé et a dit à sa femme Hajara(R.A) de prendre son fils et de se préparer pour un long voyage. L'enfant était encore allaité et n'était pas encore sevré.

Le Prophète Ibrahim(A.S) a marché à travers des terres cultivées, le désert et les montagnes jusqu'à ce qu'il atteigne le désert de la péninsule arabique, et est arrivé dans une vallée non cultivée n'ayant ni fruits, ni arbres, ni nourriture, ni eau. La vallée n'avait aucun signe de vie, et c'était un endroit très très chaud. Après qu'Ibrahim(A.S) ait aidé sa femme et son enfant à descendre, il leur a laissé une petite quantité de nourriture et d'eau qui suffisait à peine pour deux jours. Il s'est retourné et est parti à pied. Sa femme s'est dépêchée de lui demander : "Où vas-tu, Ibrahim, en nous laissant dans cette vallée stérile ?"

Ibrahim(A.S) ne lui répondit pas mais continua à marcher. Elle a répété ce qu'elle avait dit, mais il est resté silencieux. Finalement, elle a compris qu'il n'agissait pas de sa propre initiative. Elle réalisa qu'Allah lui avait ordonné de le faire. Elle lui demanda :

"Allah vous a-t-il ordonné de le faire ?" Il répondit : "Oui." Puis sa grande épouse a dit : "Nous ne serons pas perdus puisqu'Allah qui t'a commandé est avec nous."

Hajara(R.A) a continué à allaiter Ismael(A.S) et à boire l'eau qu'elle avait. Lorsque l'eau de la citerne a été épuisée, elle a eu soif et son enfant a eu soif lui aussi. Elle a commencé à regarder son fils se débattre dans l'agonie.

Elle s'est dit : "Non, je dois faire un effort pour essayer de trouver de la nourriture".

Elle le quitta, car elle ne pouvait pas supporter de le regarder, et découvrit que la montagne d'"As-Safa" était la montagne la plus proche d'elle sur cette terre. Elle est montée sur la montagne et a commencé à regarder la vallée avec attention pour voir quelqu'un, mais personne n'était là jusqu'à l'horizon.

Elle descendit ensuite *"As-Safa"* et appela Allah à l'aide. Lorsqu'elle atteignit la vallée, elle releva sa robe et courut dans la vallée comme une personne en détresse et en difficulté, jusqu'à ce qu'elle traverse la vallée et atteigne la montagne de *"Al-Marwa"*. Là, elle se tenait debout et commençait à regarder en s'attendant à voir quelqu'un, mais elle ne pouvait voir personne. Elle pria Allah pour sa subsistance et répéta sept fois qu'elle courait entre As-Safa et Al-Marwa.

Le Prophète Muhammad(S.A.W.W) a dit:

"C'est la source de la tradition des Sa'ye, (rituels du Hajj, pèlerinage) la course des gens entre les montagnes (As-Safa et Al-Marwa)".

Lorsqu'elle a atteint Al-Marwa pour la dernière fois, elle a entendu une voix et s'est demandé de se taire et d'écouter attentivement.

Elle entendit à nouveau la voix et dit : "O qui que vous soyez ! Tu m'as fait entendre ta voix ; as-tu quelque chose pour m'aider ?"

Et voici ! Elle vit un ange qui creusait la terre avec son talon (ou son aile) jusqu'à ce que de l'eau s'écoule de cet endroit. Après avoir exprimé ses remerciements à Allah le Tout-Puissant, elle a commencé à faire quelque chose comme un bassin autour et a commencé à remplir sa peau d'eau. Elle disait "zam-zam", ce qui signifie "arrêtez l'eau qui coule".

Le Prophète Muhammad(S.A.W.W) a dit:

"Qu'Allah accorde sa miséricorde à la mère d'Ismaël ! Si elle avait laissé couler le zam-zam sans essayer de le contrôler, ou si elle n'avait pas puisé dans cette eau pour remplir sa peau, le zam-zam aurait été un ruisseau coulant à la surface de la terre".

Puis elle a bu de l'eau et a allaité son enfant. L'ange lui dit "N'aie pas peur d'être négligée, car c'est la Maison d'Allah qui sera construite par ce garçon et son père, et Allah ne néglige jamais son peuple." La Ka'ba était alors sur un haut lieu ressemblant à une colline, et lorsque les torrents arrivaient, ils coulaient à sa droite et à sa gauche.

À cette époque, lorsque les caravanes traversaient ces déserts, elles cherchaient des oiseaux pour signaler la présence de l'eau. Ainsi, le clan de "Jurhum" passait près de cette vallée et ils ont remarqué des oiseaux au milieu de nulle part. Ils ne les attendaient pas, probablement qu'ils avaient déjà voyagé auparavant et qu'ils savaient que dans cette région il n'y a pas de masse d'eau.

Ils ont décidé d'envoyer un de leurs hommes pour suivre les oiseaux jusqu'à la destination de l'eau. Il est arrivé près de la vallée de La Mecque et a vu Bibi Hajara(R.A). avec son enfant. Il est retourné auprès de son peuple et lui a expliqué la situation. Ils ont été très étonnés par la présence d'eau jaillissante dans la vallée.

Ils sont arrivés et ont demandé à Bibi Hajara(R.A). : "Ça vous dérange si on vit ici ?"

Elle a réalisé que ces gens ont un bon caractère, qu'ils sont civilisés et cultivés.

Elle leur a dit : "Vous pouvez vivre ici et profiter de cette eau comme vous le souhaitez, mais elle est notre propriété, pas la vôtre. Cette eau nous appartient."

Ils ont fait de la vallée leur lieu de vie et ont été très heureux de la générosité de Bibi Hajara(R.A). Le Prophète Ismaël(A.S) a été élevé parmi eux et ils l'aimaient beaucoup. Ils étaient de purs Arabes, alors ils lui ont enseigné l'arabe. Entre-temps, son père, le Prophète Ibrahim(A.S), leur rendait visite de temps en temps. Il était très heureux de voir les gens vivre en harmonie dans la vallée.

L'ÉPREUVE DU SACRIFICE

Un jour, alors que le Prophète Ibrahim(A.S) séjournait à La Mecque, il a fait un rêve.

Il s'est vu massacrer son fils Ismaël.

Le Prophète Ibrahim(A.S) était dans une position très difficile, car c'était une grande épreuve pour le Prophète en tant que père.

"Abattez votre fils." Le commandement divin a dit.

Le Prophète a dit en obéissance : "O Allah ! Nous avons entendu et nous obéissons, peu importe ce que tu ordonnes."

Il savait que l'ordre d'Allah doit être appliqué. Le lendemain, le Prophète Ibrahim(A.S) a raconté le rêve à son fils.

"O mon fils, Allah(S.W.T) m'a ordonné en rêve de te sacrifier. Alors, que penses-tu que je devrais faire ?"

Le Prophète Ismaël(A.S) a répondu : "O mon père, fais ce qu'Allah t'a ordonné. Tu me trouveras parmi ceux qui sont patients".

Cela montre l'obéissance des Prophètes à la volonté d'Allah. Un vrai cœur qui craint Allah et lui obéit.

Ensuite, le Prophète Ibrahim(A.S) a enlevé Ismaël(A.S) à sa mère et a cherché un endroit pour massacrer son fils. Sur le chemin, Iblees est venu et a essayé de détourner Ibrahim(A.S) de l'accomplissement de l'ordre d'Allah.

a déclaré Iblees : "O Ibrahim ! Vas-tu vraiment massacrer ton propre fils ? Tu viens de voir un rêve ; peut-être que ce n'était qu'un rêve".

Le Prophète Ibrahim(A.S) a attrapé des pierres et les a jetées sur lui. Iblees a ensuite essayé d'ébranler la décision d'Ismaël(A.S), alors il a également lapidé Iblees. Cet acte est devenu la partie du Hajj où les musulmans lancent ces trois différents jets, comme un souvenir que lorsque vous essayez de faire quelque chose pour Allah, soyez ferme et fort.

Le père et le fils ont trouvé un gros rocher sur lequel Ismaël(A.S) pouvait être couché et qu'ils ont abattu.

Ismaël(A.S) connaissait l'affection de son père à son égard, c'est ce qu'il a dit:

"Ô père ! Fais-moi face au sol, au cas où si tu regardes mon visage pendant que tu massacres, tu pourrais être submergé de sympathie et arrêter de me sacrifier. Aiguisez votre couteau, afin de pouvoir m'abattre rapidement, en accomplissant l'ordre d'Allah S.W.T."

Maintenant, quand Ibrahim(A.S) a attrapé le couteau, l'a mis sur le cou d'Ismael(A.S), et a commencé à l'abattre, le couteau a tourné de l'autre côté. Il a essayé à nouveau, mais le couteau n'a pas coupé la gorge d'Ismaël(A.S) parce que c'était l'ordre d'Allah au couteau de ne pas couper.

Le Prophète Ibrahim(A.S) a essayé une dernière fois avec toute sa puissance et le couteau a commencé à couper le cou, mais ce n'était pas le cou du Prophète Ismaël(A.S) Allah S.W.T remplace Ismaël(A.S) par un bélier du paradis. Ibrahim(A.S) a regardé et a vu que c'était un bélier.

Allah a appelé Ibrahim(A.S) :

> *"O Ibrahim ! Tu es vraiment sincère avec nous. Nous t'avons mis à l'épreuve et tu as réussi le test. En effet, c'était un procès clair."*

Le père et le fils ont tous deux passé le test ultime.

LA FONDATION DE KA'BAH

Les jours ont passé. Le Prophète Ibrahim(A.S) s'éloigna d'eux aussi longtemps qu'Allah le voulut, puis un jour un autre ordre vint d'Allah(S.W.T) : construire une maison comme symbole de l'unicité d'Allah Tout-Puissant.

Ainsi, Ibrahim(A.S) se rendit dans la vallée de La Mecque et il vit Ismaël(A.S) assis sous un arbre près de Zam-Zam, en train d'aiguiser ses flèches. Quand Ismaël(A.S) a vu son père, il s'est levé pour lui souhaiter la bienvenue, et ils se sont salués comme un père le fait avec son fils ou un fils le fait avec son père.

a déclaré Ibrahim(A.S) : "O Ismaël ! Allah m'a donné un ordre. "

Ismaël(A.S) répondit : "Fais ce que ton Seigneur t'a ordonné de faire. "

"Veux-tu m'aider ? "

Ismael(A.S) a dit : "Oui, je vais vous aider. "

a déclaré Ibrahim(A.S) : "Allah m'a ordonné de construire une maison ici", en désignant une colline plus élevée que la terre qui l'entoure."

Puis ils ont soulevé les fondations de la Maison (la Ka'bah). Le Prophète Ismaël(A.S) a apporté les pierres tandis que le Prophète Ibrahim(A.S) a construit les murs. Quand les murs sont devenus hauts, Ismaël(A.S) a apporté une pierre et l'a posée pour Ibrahim(A.S), qui s'est tenu au-dessus et a continué à construire. Lorsqu'elle est devenue plus haute, Allah(S.W.T) a fait en sorte que la pierre sur laquelle se tenait Ibrahim(A.S) s'élève lorsqu'il la plaçait et descende lorsqu'il avait besoin d'une autre pierre.

Pendant qu'Ismael(A.S) lui remettait les pierres, tous deux disaient:

"Notre Seigneur ! Accepte ce service de notre part, en vérité, tu es l'Auteur, l'Omniscient". (Ch 2:127-Quran)

Et quand la maison a été construite, il restait un coin pour fixer une pierre. Ibrahim(A.S) s'est dit

"J'ai dû mettre dans ce coin une vraie pierre qui s'adapte et complète le mur."

Ismael(A.S) est parti à la recherche de la pierre mais il ne l'a pas trouvée. Quand il est revenu, il a vu un beau rocher là.

Ibrahim(A.S) a dit : "Allah m'a envoyé un rocher de Jannah."

C'est le rocher que nous appelons aujourd'hui "Al-Hajar Al-Aswad". Il était blanc à l'époque, mais il est devenu noir à cause des péchés des gens.

Au fil du temps, la civilisation et les colonies ont commencé à se développer dans la vallée de La Mecque. Le Prophète Ismaël(A.S) s'est mêlé à la tribu yéménite Jurhum et a appris à parler couramment la langue arabe, délivrant le message d'Allah(S.W.T) aux gens. De la progéniture du Prophète Ismaël(A.S) est issue la tribu "Quraish", et de Quraish vient "Hashim". Abdul Mutallib(R.A) était un "Hashmi", qui est le grand-père du Prophète Mohammed(S.A.W.W).

Allah(S.W.T) décrit les belles caractéristiques du Prophète Ismaël(A.S) dans le Coran,

"Et mentionne dans le Livre, Ismaël. En effet, il était fidèle à sa promesse, et il était un messager et un Prophète. Et il enjoignait à son peuple de prier et de faire la zakat, et il était agréable à son Seigneur."

PROPHÈTE YUSUF

(ALAIHI SALAM)

Le plus bel homme et l'interprète des rêves

Il s'agit de l'histoire la plus détaillée et la plus fascinante du Coran, impliquant à la fois les faiblesses humaines, telles que la jalousie, la haine, la fierté, la passion, la tromperie, l'intrigue, la cruauté et la terreur, ainsi que les nobles qualités, telles que la patience, la loyauté, la bravoure, la noblesse et la compassion.

On raconte que parmi les raisons de sa révélation, il y a le fait que les Juifs ont demandé au prophète Muhammad (P.B.U.H) de leur parler du prophète Joseph/Yusuf (A.S), qui était l'un de leurs anciens prophètes. Son histoire avait été déformée par endroits et faussée par d'autres, avec des interpolations et des exclusions. C'est pourquoi elle a été révélée dans le Coran - le dernier et authentique livre d'Allah (S.W.T) - dans ses moindres détails.

Yusuf (A.S) a vécu toute sa vie en affrontant les plans des personnes qui lui étaient les plus proches. L'histoire du prophète Yusuf (A.S) vous inspire un sentiment de profondeur de la puissance d'Allah, de sa suprématie et de l'exécution de ses décisions malgré le défi que représente l'intervention humaine.

"Et Allah a le plein pouvoir et le contrôle de ses affaires, mais la plupart des hommes ne savent pas." (Ch 12:21)

LE RÊVE

Le prophète Yusuf (A.S) était le fils du prophète Yaqoob (A.S) et de Rahel. Il avait un frère cadet nommé Binyamin. Yaqoob (A.S) avait douze fils au total. Il aimait Yusuf (A.S) et Binyamin plus que ses autres enfants. Cela rendait les autres frères très fâchés contre eux.

L'histoire commence par un rêve et se termine par son interprétation. Alors que le soleil apparaît à l'horizon, baignant la terre dans sa gloire matinale, Yusuf (A.S) se réveille de son sommeil, ravi par un rêve agréable qu'il a fait.

Plein d'enthousiasme, il a couru vers son père et l'a raconté.

"J'ai vu onze étoiles dans le ciel, et le soleil, et la lune. Elles se prosternaient toutes devant moi." Il l'a dit à son père.

Le jeune Prophète a été très étonné par ce rêve. Il se demandait pourquoi les étoiles s'inclinaient devant lui. Il n'en comprenait pas le sens. Yaqoob (A.S) était un Prophète, et il comprenait la signification du rêve. Et il était très heureux. Son visage s'est illuminé. Il prévoyait que Yusuf (A.S) serait celui par lequel la prophétie de son grand-père, le Prophète Ibrahim (A.S) s'accomplirait, en ce sens que sa progéniture garderait la lumière de la maison d'Ibrahim vivante et répandrait le message d'Allah aux hommes.

"Allah (S.W.T) t'a béni, Yusuf." Le vieux Prophète l'a dit à son fils. "Ce rêve signifie qu'on te donnera la connaissance et la prophétie."

Yaqoob (A.S) était un vieil homme sage, il savait donc que ses autres fils ne seraient pas heureux d'entendre parler du rêve de Yousuf. Il l'a donc mis en garde,

"Mon fils ! ne parle à aucun de tes frères de ton rêve. Ils seront jaloux de toi et deviendront tes ennemis."

Yusuf (A.S) a tenu compte de l'avertissement de son père. Il n'a pas dit à ses frères ce qu'il avait vu. Il est bien connu qu'ils le détestent tellement qu'il lui était difficile de se sentir en sécurité en leur disant ce qu'il avait dans son cœur et dans ses rêves.

Yusuf (A.S) avait dix-huit ans, très beau et robuste, avec un tempérament doux. Il était respectueux, gentil et attentionné. Son frère Binyamin était tout aussi agréable. Tous deux étaient issus d'une même mère, Rahel. En raison de leurs qualités raffinées, le père les aimait plus que ses autres enfants et ne les quittait pas des yeux. Pour les protéger, il les tenait occupés à travailler dans le jardin de la maison.

LE COMPLOT CONTRE YUSUF (A.S)

En effet, Yusuf (A.S) a gardé l'ordre de son père et n'a pas parlé à ses frères de sa vision. Malgré cela, ses frères se sont assis pour conspirer contre lui.

L'un d'entre eux a demandé : "Pourquoi notre père aime-t-il Yusuf plus que nous ?" Un autre a répondu : "Peut-être à cause de sa beauté."

Un troisième a dit : "Yusuf et son frère ont occupé le coeur de notre père." Le premier s'est plaint : "Notre père s'est complètement égaré."

L'un d'entre eux a proposé une solution à ce problème : "Tuez Yusuf ! "Où devrions-nous le tuer ?"

"Nous devrions le bannir de ces terrains." "Nous l'enverrons dans un pays lointain."

"Pourquoi ne pas le tuer et avoir du repos, afin que la faveur de ton père te soit accordée à toi seul ?"

Cependant, Juda (Yahudh), le plus âgé et le plus intelligent d'entre eux, a dit : "Il n'est pas nécessaire de le tuer quand tout ce que vous voulez, c'est vous débarrasser de lui. Regarde, jetons-le dans un puits et il sera ramassé par une caravane de passage. Ils l'emmèneront avec eux dans un pays lointain. Il disparaîtra de la vue de ton père, et son exil servira notre objectif. Après cela, nous nous repentirons de notre crime et redeviendrons des gens bien."

La discussion s'est poursuivie sur l'idée de faire tomber Yusuf (A.S) dans un puits, car elle était considérée comme la solution la plus sûre. Ils ont rejeté le plan de le tuer ; le kidnapping dans un pays lointain a été approuvé. C'était la plus intelligente des idées. Puis, les dix frères sont allés voir leur père et l'ont sollicité,

"Ô notre père ! Pourquoi ne nous fais-tu pas confiance pour Yusuf, alors que nous sommes en effet ses bienfaiteurs ? Envoyez-le avec nous demain pour qu'il s'amuse et joue, et en vérité ! nous prendrons soin de lui."

"Yusuf est notre cher petit frère", dit l'un d'entre eux.

"Nous sommes les fils d'un même père. Alors, de quoi avez-vous peur ? S'il vous plaît, envoyez-le avec nous", dit un autre frère.

"Nous veillerons sur lui."

Mais Yaqoob (A.S) était terrifié pour Yusuf (A.S). Il a dit,

"Je crains que le loup ne le prenne pendant que vous jouez." Il savait que les frères étaient jaloux de lui et qu'ils ne l'aimaient pas. Il a d'abord refusé.

"Jamais !" répondit un frère. "Comment un loup peut-il le manger alors que nous sommes là ? Nous sommes forts, et nous pouvons le sauver, père."

Après de nombreuses pressions exercées par les frères, Yaqoob (A.S) leur a permis d'emmener Yusuf (A.S) avec eux.

Le lendemain, ils étaient excités à l'idée de pouvoir se débarrasser de Yusuf, car après cela, ils avaient plus de chances de recevoir l'affection de leur père. Les frères ont emmené Yusuf (A.S) avec eux dans la forêt. Ils ont marché dans la forêt et se sont rendus directement au puits comme ils l'avaient prévu. Ils se sont penchés sur le rail sous prétexte de boire de l'eau.

C'est alors qu'un des frères a mis ses bras autour de Yusuf (A.S) et l'a tenu fermement. Surpris par son comportement inhabituel, Yusuf (A.S) a lutté pour se libérer. Tous les frères se sont alors unis et l'ont tenu pour qu'il ne puisse plus bouger. Puis, l'un d'entre eux lui a retiré sa chemise. Ensemble, ils ont soulevé Yusuf (A.S) et l'ont jeté dans le puits profond. Les supplications pitoyables du jeune Yusuf (A.S) n'ont fait aucune différence pour leur coeur cruel. Il cria à l'aide et supplia ses frères de le sauver, mais ceux-ci secouèrent la tête et ne prêtèrent aucune attention aux supplications de leur frère.

Yusuf (A.S) était tout seul dans le puits sombre et profond. Il était très effrayé et pleurait. Puis Allah (S.W.T) lui a révélé qu'il était en sécurité et qu'il ne devait pas avoir peur, car il les rencontrerait à nouveau un jour pour leur rappeler ce qu'ils avaient fait.

Les eaux peu profondes l'ont sauvé. Il s'est alors accroché à une corniche rocheuse et a grimpé dessus. Ses frères l'ont laissé dans cet endroit désolé.

Puis ils ont tué un mouton et ont trempé la chemise de Yusuf dans son sang. Un frère a dit qu'ils devaient jurer de garder leur acte très secret. Ils ont tous prêté serment et sont venus pleurer chez leur père au début de la nuit.

"Pourquoi ces pleurs ? Quelque chose est-il arrivé à notre troupeau ?" se demande Yaqoob (A.S).

Ils ont répondu en pleurant : "Ô notre père ! Nous sommes allés courir les uns avec les autres et avons quitté Yusuf par nos affaires et un loup l'a dévoré ; mais vous ne nous croirez jamais même si nous disons la vérité".

"Nous avons été surpris, au retour de la course, que Yusuf soit dans le ventre du loup." "Nous ne l'avons pas vu !"

"Vous ne nous croirez pas, même si nous sommes sincères ! Nous vous disons ce qui s'est passé !"

"Le loup a mangé Yusuf !"

"C'est la chemise de Yusuf. Nous l'avons trouvée tachée de sang et n'avons pas trouvé Yusuf !"

Ils ont apporté sa chemise tachée de faux sang. Au fond du cœur, Yaqoob (A.S) savait que son fils bien-aimé était encore en vie et que ses autres fils mentaient. Il a tenu la chemise tachée de sang dans ses mains, l'a étendue et a fait une remarque,

"Quel loup miséricordieux ! Il a dévoré mon fils bien-aimé sans déchirer sa chemise !" Les visages de ses fils sont devenus rouges lorsque Yaqoob (A.S) a demandé plus d'informations, mais chacun a juré par Allah qu'ils disaient la vérité.

"Non ! Mais vous avez vous-même inventé une histoire. Donc, pour moi, la patience est plus appropriée. C'est Allah seul qui peut vous aider dans votre lutte contre ce que vous affirmez." Le père au coeur brisé éclata en sanglots.

Le père a agi avec sagesse en priant pour une patience sans faille et sans doute, et en se confiant à Allah pour qu'il l'aide contre ce qu'ils avaient comploté contre lui et son fils.

PREMIÈRE ÉCHELLE VERS LA GRANDEUR

Dans le puits sombre, Yusuf (A.S) a réussi à trouver une corniche de pierre à laquelle s'accrocher. Autour de lui, il y avait une obscurité totale et un silence effrayant. Des pensées effrayantes lui sont venues à l'esprit,

"Que m'arriverait-il ?"

"Où trouverais-je de la nourriture ?"

"Pourquoi mes propres frères se sont-ils retournés contre moi ?"

"Mon père serait-il au courant de ma situation ?"

Le sourire de son père s'affichait devant lui, rappelant l'amour et l'affection qu'il lui avait toujours témoignés. Yusuf (A.S) commença à prier sincèrement, implorant Allah (S.W.T) pour son salut. Peu à peu, sa peur s'est atténuée. Son Créateur mettait le jeune homme à l'épreuve avec un grand malheur afin de lui insuffler un esprit de patience et de courage. Yusuf (A.S) se soumit à la volonté de son Seigneur.

Un groupe de personnes voyageait à travers cette région sauvage. À l'horizon se trouve une longue file de chameaux, de chevaux et d'hommes ; une caravane en route vers l'Égypte. La caravane de marchands s'est arrêtée à ce fameux puits d'eau. Ils avaient soif et cherchaient de l'eau. Quand ils virent le puits, ils envoyèrent un homme pour leur apporter de l'eau. L'homme s'est approché du puits et a fait descendre un seau.

Yusuf (A.S) a été surpris par le seau qui s'est précipité et l'a saisi avant qu'il ne puisse atterrir dans l'eau. Alors que l'homme commençait à tirer, il sentit la charge inhabituellement lourde, alors il regarda dans le puits. Ce qu'il a vu l'a choqué ; un jeune homme s'accrochait à la corde ! Il s'est agrippé à la corde et a crié à ses amis,

"Donnez-moi un coup de main, les gars ! On dirait que j'ai trouvé un vrai trésor dans le puits !"

Ses compagnons se sont précipités vers le puits et l'ont aidé à sortir l'étranger qui s'accrochait à la corde. Bientôt, devant eux se tenait un beau jeune homme en bonne santé, rayonnant d'un sourire angélique. Ils voyaient en lui un beau prix, car l'argent était tout ce qui comptait pour eux. Aussitôt, ils lui mirent des chaînes de fer aux pieds et l'emmenèrent en Égypte, loin de sa chère patrie de Canaan.

Ils ont voyagé pendant de nombreux jours et nuits dans le désert. Et après de nombreux jours de voyage, ils sont finalement arrivés en Égypte. Les voyageurs sont allés au marché et ont mis Yusuf (A.S) aux enchères. Partout dans la ville égyptienne,

la nouvelle se répandit qu'un jeune esclave exceptionnellement beau et robuste était en vente. Les gens se sont rassemblés par centaines au marché aux esclaves. Certains étaient des spectateurs, d'autres des enchérisseurs. L'élite et les riches, chacun se tordant le cou pour voir le beau spécimen. Le commissaire-priseur a passé une journée incroyable, les enchères se sont déchaînées, chaque acheteur essayant de surenchérir sur l'autre.

"Qui achètera ce beau jeune garçon ?" Ils criaient.

Finalement, l'Aziz, le ministre en chef de l'Egypte, surenchérit sur tous les autres et emmène Yusuf (A.S) dans son manoir. Les chaînes de l'esclavage se sont refermées sur Yusuf (A.S). Il a été jeté dans le puits, privé de son père, cueilli dans le puits, transformé en esclave, vendu au marché, et a fait la propriété de cet homme, l'Aziz, le ministre en chef. Les dangers se succédèrent rapidement, laissant Yusuf (A.S) sans défense.

Ce que nous considérons comme des dangers et des calomnies est le premier pas de l'échelle qui le mènera à la grandeur. Allah (S.W.T) est décisif dans son action et son plan est exécuté malgré les plans des autres. Allah a promis la prophétie de Yusuf (A.S).

L'amour pour Yusuf (A.S) a été poussé dans le coeur de l'homme qui l'a acheté, et c'était un homme qui n'avait pas une mauvaise position. C'était un personnage important, un membre de la classe dirigeante de l'Égypte. C'est pourquoi Yusuf (A.S) a été agréablement surpris lorsque le ministre en chef de l'Égypte a ordonné à ses hommes d'enlever les lourdes chaînes de ses pieds gonflés. Il a également été surpris lorsqu'il a dit à Yusuf (A.S) de ne pas trahir sa confiance ; il ne serait pas maltraité s'il se comportait bien. Yusuf (A.S) a souri à son bienfaiteur, l'a remercié et lui a promis d'être loyal.

Yusuf (A.S) se sent à l'aise, car il a enfin trouvé un abri et sera bien soigné. Il a remercié Allah (S.W.T) à maintes reprises et s'est émerveillé du mystère de la vie. Il n'y a pas si longtemps, il avait été jeté dans un puits profond et sombre sans aucun espoir d'en sortir vivant. Ensuite, il a été sauvé, puis asservi à des chaînes de fer, et maintenant il se déplace librement dans un luxueux manoir avec assez de nourriture pour en profiter. Mais son cœur se déchire à cause de la nostalgie de ses parents et de son frère Binyamin, et il verse des larmes tous les jours.

LE DEUXIÈME PROCÈS DE YUSUF (A.S)

Yusuf (A.S) est devenu l'assistant personnel de la femme du ministre en chef. Il était obéissant et toujours prêt à rendre service. Avec ses manières agréables et son comportement charmant, il gagnait le cœur de tout le monde. Sa beauté est devenue le sujet de conversation de la ville. Les gens le considéraient comme l'homme le plus séduisant qu'ils aient jamais vu et écrivaient des poèmes sur lui. Son visage était d'une beauté immaculée. La pureté de son âme intérieure et de son cœur se reflétait dans son visage, ce qui augmentait sa beauté. Les gens venaient de loin pour l'apercevoir en ville. La plus jolie des jeunes filles et la plus riche des dames désiraient ardemment le posséder, mais pas une seule fois il ne fit preuve d'arrogance ou d'orgueil. Il était toujours humble et poli.

Yusuf (A.S) a reçu la sagesse dans les affaires et la connaissance de la vie et de ses conditions. Il a donné l'art de la conversation, captivant ceux qui l'ont entendu. On lui a donné la noblesse et la retenue, ce qui a fait de lui une personnalité irrésistible. Son maître a vite su qu'Allah (S.W.T) l'avait gratifié de Yusuf (A.S). Il comprit qu'il était la personne la plus honnête, la plus directe et la plus noble qu'il ait rencontrée dans sa vie. Il confia donc à Yusuf (A.S) la responsabilité de sa maison, l'honora et le traita comme un fils.

La femme du ministre en chef, Zulaikha, surveillait Yusuf (A.S) de jour en jour. Elle s'asseyait avec lui, parlait avec lui, l'écoutait, et son émerveillement augmentait au fil du temps.

Yusuf (A.S) a alors été confronté à une autre épreuve d'Allah (S.W.T). Zulaikha ne pouvait plus résister au beau Yusuf (A.S), et son obsession pour lui lui a causé ses nuits d'insomnie. Elle est tombée amoureuse de lui, et il lui était douloureux d'être si proche d'un homme, mais incapable de le tenir. Pourtant, elle n'était pas une femme volage, car dans sa position, elle pouvait avoir tous les hommes qu'elle désirait. Au dire de tous, elle devait être une dame très jolie et intelligente, ou pourquoi le ministre en chef l'aurait-elle choisie parmi toutes les jolies femmes du royaume ? Bien qu'elle ne lui ait pas donné d'enfant, il ne voulait pas prendre une autre femme, car il l'aimait passionnément.

Comme elle ne pouvait plus contrôler sa passion. Un jour, alors que le Prophète était seul avec elle dans la chambre, elle a essayé de l'embrasser. Mais Yusuf (A.S) craignait Allah (S.W.T), alors il a nié car il était un adorateur droit de Dieu. Il s'est précipité loin d'elle vers la porte. Le refus de Yusuf (A.S) n'a fait qu'accroître sa passion. Alors qu'il se dirigeait vers la porte pour s'échapper, elle lui a couru après et s'est emparée de sa chemise, comme un noyé qui s'accroche au bateau. En le tirant, elle a déchiré sa chemise et a tenu la pièce déchirée dans sa main. Ils ont atteint la porte ensemble. Elle s'ouvrit soudainement, et son mari et un de ses proches se tenaient là.

Yusuf (A.S) a vu son mari se tenir devant lui. La femme sournoise a immédiatement changé de ton et s'est mise en colère, montrant le morceau de chemise déchiré dans sa main. Elle a dit à son mari

"Quelle est la punition pour celui qui a eu l'intention de faire un mauvais projet contre votre femme ? Nous devrions le mettre en prison !"

Elle accusait maintenant Yusuf (A.S) de l'avoir agressée, pour donner l'impression qu'elle était innocente et victime de son désir. Cependant, Yusuf (A.S), perplexe, a nié, "C'est elle qui a voulu me séduire."

Ils ont passé la chemise de main en main, pendant qu'elle regardait. Le témoin (son cousin) l'a regardée et a constaté qu'elle était déchirée dans le dos. Les preuves ont montré qu'elle était coupable. Le mari, déçu, fit une remarque à sa femme,

"Si c'était lui qui vous avait attaqué, la chemise aurait été déchirée par devant. Mais sa chemise est déchirée par derrière, ce qui signifie que vous mentez. C'était sûrement votre complot !" Il a rétorqué.

Le sage et juste Aziz s'est excusé auprès de Yusuf (A.S) pour l'indécence de sa femme. Il lui a également demandé de demander pardon à Yusuf (A.S) pour l'avoir accusé à tort.

Un tel incident ne peut rester secret dans une maison remplie de domestiques, et l'histoire s'est répandue. La nouvelle de l'incident s'est répandue dans la ville comme une traînée de poudre. Les femmes ont commencé à considérer le comportement de Zulaikha comme choquant.

Naturellement, leurs ragots ont affligé Zulaikha. Elle croyait sincèrement qu'il n'était pas facile pour une femme de résister à un homme aussi beau que Yusuf (A.S). Pour prouver son impuissance, elle avait l'intention de soumettre ces femmes à la même tentation qu'elle. Elle les invita à un banquet somptueux. Personne ne voulait manquer l'honneur de dîner avec la femme du ministre en chef, et elles avaient secrètement le désir de rencontrer le beau Yusuf en personne. Certains de ses amis proches ont dit en plaisantant qu'ils ne viendraient que si elle les présentait à Yusuf (A.S).

L'invitation était réservée aux dames. Le banquet commença, les rires et les réjouissances abondèrent. L'étiquette veut que les dames ne mentionnent pas le sujet de Yusuf (A.S). Elles ont donc été choquées lorsque Zulaikha elle-même a ouvert le sujet.

"J'ai entendu parler de ceux qui disent que je suis tombé amoureux du jeune homme hébreu, Yusuf."

Le silence tomba sur le banquet. Aussitôt, les mains de tous les invités se sont arrêtées et tous les yeux se sont tournés vers la femme du ministre en chef. Elle dit en donnant des ordres pour que les fruits soient servis :

"Je reconnais que c'est un homme charmant. Je ne nie pas que je l'aime. Je l'aime depuis longtemps."

La confession de la femme du ministre en chef a fait disparaître la tension entre les dames. Après avoir terminé leur dîner, les invités ont commencé à couper leurs fruits. À ce moment précis, elle a convoqué Yusuf (A.S) pour qu'il fasse son apparition. Il est entré dans la salle avec grâce, le regard baissé. Zulaikha l'a appelé par son nom et il a levé la tête. Les invités étaient stupéfaits et abasourdis. Son visage brillait et était d'une beauté angélique. Il reflétait une innocence totale, au point que l'on pouvait sentir la paix de l'esprit au fond de son âme.

Ils se sont exclamés avec étonnement tout en continuant à couper les fruits. Tous les yeux étaient tournés vers Yusuf (A.S). La présence de Yusuf (A.S) était si efficace que les femmes commencèrent à couper la paume de leur main sans y penser et sans ressentir aucune douleur.

L'une des dames a haleté : "Comme Allah est parfait !"

Un autre a chuchoté : "Ce n'est pas un être mortel !"

Une autre a bégayé, se tapotant les cheveux : "C'est un ange noble." Puis la femme du ministre en chef s'est levée et a fait une annonce :

"C'est celui qu'ils m'ont reproché. Je ne nie pas que je l'ai tenté. Vous avez été enchanté par la seule vue de Yusuf et voyez ce qui est arrivé à vos mains. Je l'ai tenté, et s'il ne fait pas ce que je veux de lui, je l'emprisonnerai."

"Oh, Seigneur !" répondit calmement le Prophète. "Je préfère aller en prison que de commettre un péché. Je ne veux pas faire partie de ceux qui commettent des péchés et méritent d'être blâmés, ou de ceux qui font les actes des ignorants".

Ce soir-là, Zulaikha a convaincu son mari que la seule façon de sauver son honneur était de mettre Yusuf (A.S) en prison ; sinon, elle ne pourrait pas se contrôler ni sauvegarder son prestige. Le ministre en chef savait que Yusuf (A.S) était absolument innocent, qu'il était un jeune homme d'honneur, un serviteur loyal, et qu'il l'aimait pour toutes ces raisons. Le ministre en chef l'aimait comme un fils et il n'avait jamais rencontré quelqu'un d'aussi loyal envers lui. Ce n'était pas une décision facile pour lui de mettre un homme innocent derrière les barreaux. Cependant, il n'avait pas le choix. Il a pensé que l'honneur de Yusuf (A.S) serait également préservé s'il le gardait hors de la vue de Zulaikha. Cette nuit-là, le ministre en chef a envoyé Yusuf (A.S) en prison, le coeur lourd.

L'EMPRISONNEMENT D'UN INNOCENT

La prison a été le troisième test de Yusuf (A.S). Pendant cette période, Allah (S.W.T) l'a doté d'un don extraordinaire : la capacité d'interpréter les rêves. Certains détenus savaient que Yusuf (A.S) était un jeune homme noble, avec des connaissances approfondies et un cœur miséricordieux. Ils l'aimaient et le respectaient. A peu près au même moment, deux autres hommes ont atterri dans la prison. L'un était l'échanson du roi, l'autre était le cuisinier du roi. Les deux hommes sentirent que Yusuf (A.S) ne ressemblait pas à un criminel, car une aura de piété brillait sur son visage. Cette nuit-là, les deux nouveaux détenus ont fait un rêve étrange. Lorsqu'ils se sont réveillés, ils étaient confus car ils ne pouvaient pas comprendre la signification de ce rêve. Ils étaient impatients de se faire expliquer.

Le cuisinier du roi rêva qu'il se tenait dans un endroit avec du pain sur la tête, et que deux oiseaux mangeaient le pain. L'échanson rêva qu'il servait du vin au roi. Les deux se rendent à Yusuf (A.S) et lui racontent leurs rêves, en lui demandant de leur donner leur signification.

En entendant cela, le prophète Yusuf (A.S) les a d'abord appelés à Allah (S.W.T). Puis, il leur a expliqué la signification de leurs rêves. Il a dit que le cuisinier serait crucifié jusqu'à sa mort et que les oiseaux mangeraient dans sa tête.

Puis Yusuf (A.S) a demandé à l'échanson de lui raconter son rêve.

"J'ai vu que je me tenais à l'intérieur du palais et que je servais du vin au roi." Le Prophète a prié pendant un certain temps et a dit

"Vous serez bientôt libérés et vous retournerez au service du roi." Le prophète a ensuite demandé à l'échanson de parler de lui au roi et de lui dire qu'il y avait une âme torturée nommée Yusuf dans la prison.

Ce que Yusuf (A.S) avait prédit se produisit ; le cuisinier fut crucifié, et l'échanson retourna au palais. Après que l'échanson soit retourné au service, Satan lui fit oublier de mentionner Yusuf (A.S) au roi. Il resta donc en prison pendant quelques années, mais il persista en priant Allah (S.W.T).

L'INNOCENCE DE YUSUF (A.S) EST ÉTABLIE

Quelques années plus tard, une nuit, le roi dormait dans son palais. Cette nuit-là, il fit un rêve étrange. Il a vu qu'il se tenait sur les rives du Nil. L'eau se retirait, révélant la boue nue. Il a vu les poissons sauter et sauter sans eau.

Puis, il a vu sept vaches grasses sortir de l'eau, suivies de sept vaches maigres. Les vaches maigres ont alors commencé à avaler les vaches grasses. Le roi était terrifié après avoir vu cela.

Il a ensuite vu sept épis de maïs vert pousser sur les rives du fleuve. Soudain, ils ont disparu et, à sa place, poussent sept épis secs.

Le roi se réveilla effrayé, choqué et déprimé, ne sachant pas ce que tout cela signifiait. Il envoya des serviteurs pour faire venir les sorciers, les prêtres et les ministres. Il leur raconta son rêve.

Les sorciers ont dit : "C'est un rêve confus. Comment cela peut-il être possible ? C'est un cauchemar."

Les prêtres ont dit : "Peut-être que Sa Majesté a eu un lourd dîner."

Le ministre en chef a déclaré : "Se pourrait-il que sa majesté ait été exposée et n'ait pas tiré la couverture la nuit ?"

dit le bouffon du roi, en plaisantant : "Sa majesté vieillit, et ses rêves sont donc confus." Ils sont parvenus à la conclusion unanime que ce n'était qu'un cauchemar.

La nouvelle est parvenue à l'échanson. Il se souvint du rêve qu'il avait fait en prison et le compara au rêve du roi, et c'est ainsi que Yusuf (A.S) lui vint à l'esprit. Il a couru vers le roi pour lui parler de Yusuf (A.S), qui était le seul capable d'interpréter le rêve.

a déclaré l'échanson : "Il m'avait demandé de me souvenir de lui auprès de vous, mais j'ai oublié." Le roi a envoyé l'échanson pour interroger Yusuf (A.S) sur le rêve.

Yusuf (A.S) l'a interprété pour lui : "Il y aura sept années d'abondance. Si la terre est correctement cultivée, il y aura un excès de la bonne récolte, plus que ce dont le peuple aura besoin. Il faut donc la stocker. Par la suite, sept années de sécheresse suivront dans le royaume. Le peuple n'aura pas assez à manger et la nourriture sera rare dans toute l'Égypte, pendant laquelle il pourra utiliser l'excédent de céréales".

Il leur a également conseillé de conserver une partie des céréales pendant la famine pour les utiliser comme semences pour la prochaine récolte. Yusuf (A.S) a ensuite ajouté : "Après sept ans de sécheresse, il y aura une année pendant laquelle l'eau sera abondante. S'ils utilisent correctement l'eau, les vignes et les oliviers pousseront en abondance, fournissant beaucoup de raisins et d'huile d'olive".

L'échanson s'est empressé de revenir avec la bonne nouvelle. L'interprétation de Yusuf (A.S) fascine le roi. Il fut très étonné. Qui pouvait être cette personne ? Il ordonne que Yusuf (A.S) soit libéré de prison et lui soit présenté immédiatement.

L'envoyé du roi est allé le chercher immédiatement, mais Yusuf (A.S) a refusé de quitter la prison à moins que son innocence ne soit prouvée. Peut-être l'ont-ils accusé d'avoir coupé les mains des dames ou d'avoir essayé de les séduire. Peut-être d'autres fausses accusations ont-elles été faites. Nous ne savons pas exactement ce qu'ils ont dit aux gens pour justifier la condamnation de Yusuf (A.S) à la prison.

L'envoyé est retourné auprès du roi.

"Où est Yusuf ? Ne vous ai-je pas ordonné d'aller le chercher ?" Le roi a demandé. L'envoyé a répondu : "Il a refusé de partir tant que son innocence n'est pas établie en ce qui concerne les dames qui se sont coupées les mains."

Le roi a estimé que Yusuf (A.S) avait été injustement blessé, mais il ne savait pas exactement comment cela s'était produit. Il a donc immédiatement ordonné une enquête.

Le roi l'a ordonné : "Faites venir les femmes des ministres et la femme du ministre en chef immédiatement !"

Ils ont fait venir la femme du ministre en chef dans sa cour avec les femmes des autres ministres.

Le roi a demandé : "Quelle est l'histoire de Yusuf ? Que savez-vous de lui ? Est-il vrai qu'il a tenté de molester la femme du ministre en chef ?"

Une des dames interrompit le roi en s'exclamant : "Allah interdit !" Une seconde a dit : "Nous ne connaissons aucun mal qu'il ait fait." Un troisième a dit : "Il est aussi innocent que les anges."

Maintenant, les yeux de tout le monde se tournent vers la femme du ministre en chef. Elle portait maintenant un visage ridé et avait perdu du poids. Elle avait été accablée par le chagrin de Yusuf (A.S) pendant qu'il était en prison. Elle a avoué avec audace qu'elle avait menti et qu'il avait dit la vérité.

"Je l'ai tenté, mais il a refusé. Il est sûrement l'un des plus honnêtes."

Elle a confirmé ce qu'elle avait dit, non pas par peur du roi ou des autres dames, mais pour que Yusuf (A.S) sache qu'elle ne l'avait jamais trahi pendant son absence, car il était toujours dans son esprit et son âme. De toute la création, il était le seul qu'elle aimait, elle a donc confirmé son innocence avant tout.

Les versets coraniques montrent qu'elle s'était tournée vers la religion du Prophète, le monothéisme. Son emprisonnement a été un tournant important dans sa vie. Après cela, l'histoire de la femme du ministre en chef n'est plus mentionnée dans le Coran. Nous ne savons pas ce qu'il lui est arrivé après qu'elle ait donné un témoignage clair. Pourtant, il existe encore des légendes à son sujet. Certains disent qu'après la mort de son mari, elle a épousé Yusuf (A.S), et voici qu'elle était vierge. Elle a avoué que son mari était vieux et qu'il n'avait jamais touché à des femmes. D'autres légendes disent qu'elle a perdu la vue, en pleurant pour Yusuf (A.S). Elle abandonna son palais et erra dans les rues de la ville.

"La vérité est venue et le mensonge a disparu. Le mensonge est sûrement appelé à disparaître !"

ALLAH (S.W.T) A ÉLEVÉ YUSUF (A.S) À LA GLOIRE

Le roi a informé Yusuf (A.S) que son innocence était établie et lui a ordonné de venir au palais pour un entretien. Le roi a reconnu ses nobles qualités. Lorsque Yusuf (A.S) est venu, le roi a été stupéfait par ce beau jeune homme. Cependant, le roi lui parla dans sa langue. Les réponses de Yusuf (A.S) étonnèrent le roi par son raffinement culturel et ses vastes connaissances. Il était convaincu que Yusuf (A.S) était vraiment très intelligent.

Puis la conversation s'est tournée vers le rêve. Yusuf (A.S) a conseillé au roi de commencer à planifier les années de famine à venir. Il l'informa que la famine n'affecterait pas seulement l'Égypte mais aussi les pays voisins. Le roi lui a offert un poste influent mais Yusuf (A.S) a demandé à être nommé contrôleur des greniers afin de pouvoir garder la récolte de la nation et ainsi la sauvegarder pendant la sécheresse attendue. Yusuf (A.S.) ne voulait pas saisir une occasion ou un gain personnel ; il voulait simplement sauver les nations affamées pendant une période de sept ans. C'était un pur sacrifice de sa part.

"Nous accordons de Notre Miséricorde à qui Nous voulons, et Nous faisons en sorte que ne soit pas perdue la récompense des Al-Muhsinen (les faiseurs de bien)". [Surah Yusuf : 56]

Les roues du temps ont tourné, Yusuf (A.S) est devenu l'un des plus hauts fonctionnaires d'Egypte. Pendant ces sept années merveilleuses, Yusuf (A.S) avait le contrôle total de la culture, de la récolte et du stockage des récoltes. Il s'acquitta fidèlement de ses fonctions et réussit à conserver soigneusement les céréales pour les dures années à venir.

Puis, comme l'avait prédit le prophète Yusuf (A.S), la sécheresse s'est installée et la famine s'est étendue à toute la région, y compris à Canaan, la patrie de Yusuf (A.S). Les feuilles sont devenues jaunes, et pas une seule goutte de pluie n'est tombée du ciel. Mais personne en Égypte n'est mort de faim, car le prophète avait mis de côté plus qu'il n'en fallait de grains pour les années difficiles.

"Tu avais raison, Yusuf", dit le roi au Prophète. "C'est seulement à cause de toi que notre peuple ne souffre pas. Mais tous nos voisins nous demandent de l'aide. Que dois-je leur dire ?" Il demanda.

"Allah (S.W.T) nous a sauvés." Le Prophète a répondu : "Nous sommes bénis d'avoir avec nous une abondance de grains. Je pense que c'est le moment d'aider nos voisins. Nous devrions vendre les céréales aux nations nécessiteuses à un prix équitable. De cette façon, nous pourrons sauver de nombreuses vies".

Le roi accepta et la délicieuse nouvelle se répandit dans toute la région.

Comme cette famine a également touché Canaan. Le prophète Yaqoob (A.S) envoya dix de ses fils, tous sauf Binyamin, en Égypte pour acheter des provisions. Les frères voyagèrent pendant de nombreux jours et arrivèrent finalement en Égypte.

Yusuf (A.S) entendit parler des dix frères qui étaient venus de loin et qui ne parlaient pas la langue des Egyptiens. Lorsqu'ils l'ont appelé pour acheter leurs besoins, Yusuf (A.S) a immédiatement reconnu ses frères, mais ils ne l'ont pas reconnu. Comment le pouvaient-ils ? Pour eux, Yusuf (A.S) n'existait plus ; ils l'avaient jeté dans le puits profond et sombre il y a de nombreuses années !

Yusuf (A.S) les a accueillis chaleureusement. Après leur avoir fourni des provisions, il a demandé d'où elles venaient.

Ils ont expliqué : "Nous sommes venus de Canaan. Nous sommes onze frères, les enfants d'un noble Prophète. Le plus jeune est à la maison et s'occupe des besoins de notre père vieillissant".

En entendant cela, les yeux de Yusuf (A.S) se sont remplis de larmes ; son désir de rentrer chez lui a gonflé dans son coeur, ainsi que son désir de retrouver ses parents bien-aimés et son frère aimant Binyamin.

"Êtes-vous des gens honnêtes ?" leur a demandé Yusuf (A.S).

Perturbés, ils ont répondu : "Quelles raisons avons-nous de vous mentir ?" "Si ce que vous dites est vrai, apportez votre frère comme preuve et je vous récompenserai avec des rations doubles. Mais si vous ne me l'amenez pas, il vaudrait mieux que vous ne reveniez pas", a prévenu Yusuf (A.S).

Ils lui ont assuré qu'ils rempliraient volontiers son commandement mais qu'ils devraient obtenir la permission de leur père. Pour les inciter à revenir avec leur frère, Yusuf (A.S) ordonna à son serviteur de placer secrètement le sac d'argent qu'ils avaient payé, dans un de leurs sacs de grain.

Après plusieurs jours de voyage, ils ont atteint Canaan. Avant de pouvoir décharger les chameaux, ils ont salué leur père, puis l'ont critiqué : "Ils nous ont refusé des provisions parce que tu n'as pas laissé ton fils venir avec nous. Ils ne voulaient pas nous donner de nourriture pour les absents. Pourquoi ne lui avez-vous pas confié notre fils ? S'il vous plaît, envoyez-le avec nous, et nous prendrons soin de lui."

Le prophète Yaqoob (A.S) est devenu triste et leur a dit : "Je ne permettrai pas à Binyamin de voyager avec toi. Je ne me séparerai pas de lui, car je t'ai confié Yusuf et tu m'as laissé tomber".

Plus tard, lorsqu'ils ont ouvert leurs sacs de grains, ils ont été surpris de constater que le sac d'argent leur était revenu intact. Ils se sont précipités vers leur père ;

"Regarde, père ! Le noble fonctionnaire nous a rendu notre argent ; c'est sûrement la preuve qu'il ne ferait pas de mal à notre frère et cela ne peut que nous profiter". Mais Yaqoob (A.S) a refusé d'envoyer Binyamin avec eux.

Au bout d'un certain temps, lorsqu'ils n'ont plus de grain, Yaqoob (A.S) leur demande de se rendre en Égypte pour en obtenir davantage. Ils lui rappelèrent l'avertissement que le fonctionnaire égyptien leur avait donné. Ils ne pouvaient pas revenir sans Binyamin.

"Je ne l'enverrai pas avec vous à moins que vous ne me donniez un gage au nom d'Allah que vous me le ramènerez aussi sûrement que vous le prenez."

Ils ont donc pris un engagement sincère.

Yaqoob (A.S) leur a rappelé : "Allah (S.W.T) est témoin de votre engagement."

Il a accepté, puis leur a conseillé d'entrer dans la ville par plusieurs portes différentes. Yaqoob (A.S) les bénit à leur départ et pria Allah pour leur protection. Les frères entreprirent le long voyage vers l'Égypte, en prenant bien soin de Binyamin.

L'INTERPRÉTATION DU RÊVE DANS LA RÉALITÉ

À leur arrivée en Égypte, Yusuf (A.S) les accueillit chaleureusement et il réprima le désir d'embrasser Binyamin qui naissait en lui. Il leur prépara un festin et les fit asseoir par deux. Yusuf (A.S) s'arrangea pour s'asseoir à côté de son frère bien-aimé Binyamin, qui se mit à pleurer.

"Pourquoi pleurez-vous ?" lui a demandé Yusuf (A.S).

Il a répondu : "Si mon frère Yusuf avait été là, je me serais assis à côté de lui."

Cette nuit-là, alors que Yusuf (A.S) et Binyamin étaient seuls dans une chambre, Yusuf (A.S) a demandé à son frère, "Voudrais-tu m'avoir comme frère ?"

Binyamin répondit respectueusement qu'il considérait son hôte comme une personne merveilleuse, mais qu'il ne pourrait jamais prendre la place de son frère.

Yusuf (A.S) s'effondra, et au milieu de larmes coulant, il dit : "Mon frère aimant, je suis ton frère qui était perdu et dont tu répètes sans cesse le nom. Le destin nous a réunis après de nombreuses années de séparation. C'est la faveur d'Allah. Mais que ce soit un secret entre nous pour le moment". Binyamin jeta ses bras autour de Yusuf (A.S) et les deux frères versèrent des larmes de joie.

Le lendemain, alors que leurs sacs étaient remplis de grains à charger sur les chameaux, Yusuf (A.S) ordonna à un de ses assistants de placer le gobelet doseur en or du roi dans la sacoche de Binyamin. Lorsque les frères furent prêts à partir, les soldats se précipitèrent vers eux. Les portes étaient fermées à clé et un soldat a crié, "O vous les voyageurs, arrêtez-vous là ! vous êtes des voleurs !"

L'accusation était des plus inhabituelles, et les gens se sont rassemblés autour d'eux. "Qu'avez-vous perdu ?" lui demandèrent ses frères.

"La coupe d'or du roi. Quiconque peut la tracer, nous donnerons à une bête un chargement de grain", a dit un soldat.

Les frères ont dit en toute innocence : "Nous ne sommes pas venus ici pour corrompre la terre et voler."

Un des soldats a dit (comme Yusuf (A.S) leur avait donné des instructions) : "Quelle punition choisir pour le voleur ?"

Les frères ont répondu : "Selon notre loi, quiconque vole devient l'esclave du propriétaire de la propriété."

Les officiers ont convenu : "Alors nous appliquerons votre loi au lieu de la loi égyptienne, qui prévoit l'emprisonnement."

L'officier en chef a ordonné à ses soldats de commencer à fouiller la caravane. Yusuf (A.S) suivait l'incident depuis le haut de son trône. Il avait donné des instructions pour que le sac de Binyamin soit le dernier à être fouillé. Lorsqu'ils ne trouvèrent pas la coupe dans les sacs des dix frères aînés, les frères soupiraient de soulagement. Il ne restait plus que le sac de leur plus jeune frère.

Yusuf (A.S) a déclaré, en intervenant pour la première fois, "Il n'y avait pas besoin de fouiller sa selle car il n'avait pas l'air d'un voleur".

"Nous ne bougerons pas d'un pouce à moins que sa selle ne soit également fouillée. Nous sommes les fils d'un noble, pas de voleurs", affirment ses frères.

Les soldats ont mis la main dans leurs sacs et ont sorti la coupe du roi. Les frères s'exclamèrent,

"S'il vole maintenant, un de ses frères a déjà volé auparavant." Ils se sont écartés de la question actuelle pour accuser un groupe particulier des enfants de Yaqoob (A.S).

Le prophète Yusuf (A.S) a entendu leur haine de ses propres oreilles et a été rempli de regrets. Pourtant, il a avalé sa colère, la gardant en lui. Il se dit : "Tu es allé plus loin et tu as fait pire ; cela ira mal avec toi et pire après, et Allah connaît ton intention.

Le silence s'est abattu sur eux après ces remarques des frères. Puis ils oublièrent leur satisfaction secrète et pensèrent au prophète Yaqoob (A.S) ; ils avaient fait le serment avec lui qu'ils ne trahiraient pas son fils. Ils se mirent à implorer la miséricorde de Yusuf (A.S).

"Yusuf, ô ministre ! Prenez plutôt l'un d'entre nous. Ô souverain du pays ! En vérité, il a un vieux père qui le pleurera. Il est le fils d'un homme bon, et nous voyons que tu es aussi un homme honorable."

Yusuf (A.S) répondit calmement : "Comment pouvez-vous vouloir libérer l'homme qui a volé la coupe du roi ? Ce serait un péché".

Les frères ont continué à implorer la miséricorde. Cependant, les gardes dirent que le roi avait parlé et que sa parole était une loi.

Ainsi, lorsqu'ils ont désespéré de lui, ils ont tenu une conférence en privé. Juda, l'aîné, était très inquiet et en a parlé aux autres,

"Nous avons promis à notre père, au nom d'Allah, de ne pas le décevoir. Je resterai donc sur place et ne reviendrai que si mon père me le permet".

Les frères ont laissé suffisamment de provisions pour Juda, qui est resté dans une taverne en attendant le sort de Binyamin. Pendant ce temps, Yusuf (A.S) garda Binyamin dans sa maison en tant qu'invité personnel et lui raconta comment il avait conçu le complot pour mettre la coupe du roi dans son sac, afin de le garder derrière lui, de manière à le protéger. Il était également heureux que Juda soit resté derrière lui, car c'était un frère de bonne volonté. Yusuf (A.S) s'arrangea secrètement pour veiller au bien-être de Juda.

Le plan de Yusuf (A.S), en renvoyant les autres, était de tester leur sincérité. Pour voir s'ils reviendraient pour les deux frères qu'ils avaient laissés derrière eux.

Lorsqu'ils sont arrivés chez eux, ils ont répondu à l'appel de leur père, "Ô notre père ! Ton fils a volé !"

Le prophète Yaqoob (A.S) était perplexe, ne croyant guère à la nouvelle. Alors, les frères lui ont tout raconté. Il était accablé de chagrin et ses yeux pleuraient.

"Patience, soyez avec moi ; peut-être qu'Allah (S.W.T) me les rendra tous. Il est le plus savant, le plus sage."

La solitude l'entourait, mais il trouvait la consolation dans la patience et se confiait en Allah. Il était profondément blessé. Seule la prière pouvait le réconforter et renforcer sa foi et sa patience. Il pleura toutes ces années pour son fils bien-aimé Yusuf (A.S) ; et maintenant un autre de ses meilleurs fils lui avait été enlevé. Yaqoob (A.S) a failli perdre la vue en pleurant sur cette perte.

Les autres fils l'ont supplié : "Ô père, tu es un noble prophète et un grand messager d'Allah. Les révélations sont descendues sur toi, et les gens ont reçu de toi des conseils et la foi. Pourquoi te détruis-tu ainsi ?"

Il a répondu : "Me réprimander n'atténuera pas mon chagrin. Seul le retour de mes fils me réconfortera. Mes fils, partez à la recherche de Yusuf et de son frère ; ne désespérez pas de la miséricorde d'Allah."

Allah, le Tout-Puissant nous a dit : Ils ont dit : "Par Allah ! Tu ne cesseras jamais de te souvenir de Yusuf jusqu'à ce que tu deviennes faible avec la vieillesse, ou jusqu'à ce que tu sois des morts."

Il a dit : "Je ne fais que me plaindre à Allah de mon chagrin et de ma douleur, et je sais d'Allah ce que vous ne savez pas."

Le prophète Yaqoob (A.S) a demandé à ses fils de se rendre à nouveau en Égypte. La caravane se mit en route pour l'Égypte. Les frères - en route pour voir le ministre en chef (le prophète Yusuf (A.S)) - sont devenus pauvres et déprimés.

Finalement, ils ont plaidé Yusuf (A.S). Ils lui ont demandé de faire la charité, en faisant appel à son cœur, lui rappelant qu'Allah récompense les personnes qui font la charité. À ce moment, au milieu de leur détresse, le prophète Yusuf (A.S) leur a parlé dans leur langue maternelle.

"Savez-vous ce que vous avez fait avec Yusuf et son frère quand vous étiez ignorant ?" Les frères ont été choqués d'entendre cela. Comme ils savaient que ce secret n'est connu que d'eux et de Yusuf (A.S).

Ils ont dit : "Es-tu notre frère Yusuf ?"

Il a dit : "Je suis Yusuf. Et Binyamin est mon frère. Allah nous a vraiment fait grâce. Quiconque craint Allah et est patient, alors sûrement, Allah les récompense toujours." Les frères tremblent de peur.

"Nous avons péché, mon frère. Allah t'a certainement préféré à nous." Ils ont dit.

Mais Yusuf (A.S) les a réconfortés. "Aucun reproche à vous faire aujourd'hui. Qu'Allah vous pardonne, et Il est le plus miséricordieux des miséricordieux."

Yusuf (A.S) les a embrassés et ils ont pleuré ensemble de joie. Yusuf (A.S) ne pouvait pas quitter son bureau responsable sans être remplacé, alors il a conseillé à ses frères. "Va avec ma chemise, et caresse le visage de mon père, il recouvrera la vue. Et amène-moi toute ta famille."

Les frères ont accepté et sont partis pour Canaan. Alors qu'ils approchaient du Canaan, le prophète Yaqoob (A.S) sentit dans l'air l'odeur de Yusuf (A.S). Il se leva tout d'un coup, s'habilla et alla à la rencontre de ses fils.

La femme du fils aîné a fait remarquer : "Yaqoob (A.S) est sorti de sa chambre aujourd'hui." Les femmes ont demandé ce qui n'allait pas. Il y avait un soupçon de sourire sur son visage.

Les autres lui ont demandé : "Comment vous sentez-vous aujourd'hui ?" Il a répondu : "Je peux sentir Yusuf dans l'air."

Les épouses l'ont laissé seul, se disant qu'il n'y avait aucun espoir pour lui. "Il mourra en pleurant sur Yusuf."

"A-t-il parlé de la chemise de Yusuf ?"

"Je ne sais pas. Il a dit qu'il pouvait le sentir ; peut-être est-il devenu fou".

Cette nuit-là, le vieil homme voulait une tasse de lait pour rompre son jeûne, car il avait jeûné. Alors que la caravane approchait, le Prophète continuait à prier Allah (S.W.T). Lorsque la caravane est finalement arrivée, le prophète Yaqoob (A.S) est sorti et a demandé : "Je sens vraiment l'odeur de Yusuf. Est-elle réelle ?

"Vous vous trompez certainement." Dit une femme.

Mais le Prophète disait effectivement la vérité. Le porteur de la bonne nouvelle est arrivé. Un de ses fils lui caresse la chemise sur le visage, et Yaqoob (A.S) devient lucide.

"Ne vous ai-je pas dit que je sais d'Allah que vous ne savez pas." Il leur dit joyeusement.

Les frères avaient réalisé leurs erreurs. Ils ont demandé au prophète Yaqoob (A.S), "Nous avons péché, mon Père. Demande pardon à Allah pour nos péchés."

Il a dit : "Je demanderai pardon à mon Seigneur pour toi, en vérité, Lui ! Lui seul est le

Pardonneur, le Très Miséricordieux."

Ensuite, le prophète Yaqoob (A.S) est parti en Égypte pour rencontrer son fils. Le prophète Yusuf (A.S) le reçut avec une grande joie. Il plaça son père sur son trône. Le bonheur de Yaqoob (A.S) ne connaissait pas de limite. Puis ses parents et les onze frères se prosternèrent devant le prophète Yusuf (A.S).

"C'est le rêve que j'ai vu quand j'étais jeune. J'ai vu onze étoiles, le soleil et la lune, se prosterner devant moi. Mon Seigneur l'a fait devenir réalité."

Le prophète Yusuf (A.S) a organisé une audience avec le roi pour lui et sa famille, afin de demander au roi la permission de s'installer en Égypte. Il était un atout pour le royaume, et le roi était heureux qu'il reste avec sa famille. Il s'est alors prosterné devant Allah (S.W.T) en signe de gratitude. Ce pouvoir dominant et cette responsabilité n'ont pas détourné le Prophète d'Allah. Il se souvenait tout le temps de son créateur et de son bienfaiteur.

Le prophète Yusuf (A.S) ne voulait pas mourir de la mort d'un roi. Il n'aimait pas être rassemblé autour des gens de la royauté. Il voulait mourir de la mort d'un esclave d'Allah et être rassemblé autour des gens justes. Au moment de sa mort, il a demandé à ses frères de l'enterrer aux côtés de ses ancêtres. Ainsi, à sa mort, il fut momifié et placé dans un cercueil jusqu'à ce que le moment soit venu de le faire sortir d'Égypte. On dit qu'il est mort à l'âge de cent dix ans.

On raconte donc que le Messager d'Allah, Muhammad (P.B.U.H), a été interrogé : "Qui est le plus honorable parmi les gens ?" Il répondit : "Le plus craignant Dieu." Le peuple a répondu : "Nous ne voulons pas vous interroger à ce sujet." Il a répondu : "La personne la plus honorable est Yusuf, le prophète d'Allah, le fils du prophète d'Allah, le fils de l'ami fidèle d'Allah (c'est-à-dire Ibrahim)." (Sahih Al-Bukhari)

PROPHÈTE YUNUS

(ALAIHI SALAM)

Le propriétaire du poisson

Il y a bien longtemps, il y avait une ville appelée "Ninive". Elle était située sur la rive droite du Tigre, dans l'ancienne Assyrie, en face de l'actuelle grande ville de Mossoul, en Irak. Les habitants de Ninive étaient des idolâtres qui menaient une vie effrontée. Le prophète Yunus (Jonas) (A.S) a été envoyé par Allah (S.W.T) à Ninive pour leur prêcher le vrai Dieu.

"Vous ne devez croire qu'en Allah (S.W.T) et obéir à ses ordres", il les a avertis, "sinon un sévère châtiment vous sera infligé".

Mais les habitants de la ville n'aimaient pas qu'on s'immisce dans leur mode de vie.

"Nous et nos ancêtres avons adoré ces dieux pendant de nombreuses années", dit un vieil homme, "et aucun mal ne nous est arrivé".

Le prophète Yunus (A.S) a essayé très fort de convaincre les gens d'Allah (S.W.T), mais les gens ont continué à l'ignorer. Il a averti que s'ils continuaient dans leur folie, Allah les punirait bientôt.

Au lieu de craindre Allah, ils ont dit au prophète qu'ils n'avaient pas peur de ses menaces. "Que ton Dieu nous punisse !" Ils lui ont dit.

Le Prophète se découragea : "Dans ce cas, je te laisse à ta misère." Il dit qu'il a quitté la ville de Ninive. Il s'impatienta et partit sans attendre d'autres ordres d'Allah. Il savait que Dieu devait être en colère contre lui. Alors, il décida de partir pour un pays lointain.

Dès que le Prophète a quitté la ville, le ciel a commencé à changer de couleur. On aurait dit qu'il était en feu. Les gens étaient remplis de peur à cette vue. Ils se sont souvenus de la destruction des gens de A'ad, Thamud et Nuh. Lentement, la foi a commencé à pénétrer leur cœur.

Ils se sont rassemblés au sommet d'une montagne et ont commencé à prier Allah pour sa miséricorde. Les montagnes résonnaient de leurs cris. Les habitants de Ninive se repentirent sincèrement des péchés qu'ils avaient commis. Quand Allah a entendu leurs prières, il a décidé de ne pas les punir. Il fit à nouveau pleuvoir sa bénédiction sur le peuple. Quand les gens ont réalisé qu'ils étaient sauvés, ils ont prié Allah pour le retour du Prophète Yunus (A.S), afin qu'il puisse les guider.

Pendant ce temps, le prophète Yunus (A.S) était monté à bord d'un petit bateau en compagnie d'autres passagers. Il naviguait toute la journée dans des eaux calmes, avec un bon vent qui soufflait sur les voiles. Mais la nuit venue, la mer a soudainement changé. Il y a eu une horrible tempête, et il semblait que le navire allait être coupé en morceaux. Les vagues s'élevaient comme des montagnes, faisant bouger le bateau de haut en bas.

Tout le monde sur le bateau était terrifié. Le capitaine du navire a crié à l'équipage d'alléger la lourde charge du navire. L'équipage a d'abord jeté ses bagages par-dessus bord, mais cela n'a pas suffi. Leur sécurité dépendait de la réduction de leur poids. Ils ont donc décidé entre eux qu'un d'entre eux devait être jeté à la mer.

Entre-temps, une énorme baleine avait fait surface derrière le navire. Allah (S.W.T) avait ordonné à la baleine de faire surface. La baleine a continué à suivre le navire comme on le lui avait ordonné.

Le capitaine du navire a dit à l'équipage : "Nous allons faire un tirage au sort avec les noms de tous les voyageurs. Celui dont le nom sera tiré au sort sera jeté à la mer".

Yunus (A.S) a participé à contrecœur à la sortition, et son nom a également été ajouté. Lorsque le sort a été tiré, le papier portait la mention "Yunus". Comme l'équipage savait que le Prophète était l'homme le plus honorable parmi eux, ils ne voulaient pas le jeter à la mer. Ils ont donc tiré au sort un deuxième exemplaire.

Lorsqu'ils ont fait le sort pour la deuxième fois, le nom du Prophète est réapparu. L'équipage a décidé de tenter une dernière fois et a tiré un troisième lot. Mais le nom du Prophète est également apparu lors du troisième et dernier tirage au sort. Le Prophète Yunus (A.S) a réalisé que la volonté spéciale d'Allah (S.W.T) était impliquée dans ce qui se passait. Il s'est rendu compte qu'Allah le testait parce qu'il avait abandonné la mission sans le consentement d'Allah.

Il a été décidé que le prophète Yunus (A.S) devait se jeter à l'eau. Yunus (A.S) se tenait au bord du navire, regardant la mer furieuse. C'était la nuit et il n'y avait pas de lune dans le ciel. Les étoiles étaient cachées derrière un brouillard noir. Avant de se jeter à l'eau, le Prophète ne cessait de mentionner le nom d'Allah. Il sauta alors dans la mer et disparut sous les vastes vagues.

La baleine qui suivait le navire a trouvé le prophète Yunus (A.S) flottant sur les vagues. Elle n'a pas perdu de temps et l'a avalé d'un seul trait. La baleine a fermé ses dents d'ivoire comme si elles étaient des verrous blancs fermant la porte de sa prison. Elle a ensuite plongé au fond de la mer. Le Prophète s'imaginait mort, mais ses sens se sont mis en alerte lorsqu'il a compris qu'il pouvait bouger. Il réalisa qu'il était vivant et emprisonné.

Dans sa solitude, il a commencé à réfléchir à ce qui s'était passé dans la ville et a réalisé qu'il n'aurait jamais dû quitter la ville. Au lieu de cela, il aurait dû rester et continuer à parler aux gens, leur demandant de revenir à Allah (S.W.T). Dans son désespoir, le Prophète pria de tout son cœur à Allah.

"O Allah ! il n'y a pas de Dieu en dehors de toi. Vous seul, je vous loue et vous honore. J'ai fait le mal, si vous ne m'aidez pas, je serai perdu à jamais."

Le Prophète continua à prier Allah, répétant ses prières. Les poissons, les baleines et de nombreuses autres créatures qui vivaient dans la mer, entendirent la voix des prières du Prophète venant de l'estomac de la baleine. Toutes ces créatures se sont rassemblées autour de la baleine et ont loué Allah (S.W.T), chacune dans sa propre langue. La baleine a également participé à la louange d'Allah. Puis il a compris qu'il avait avalé un prophète. Au début, la baleine a eu peur, puis elle s'est dit : "Pourquoi aurais-je peur ? Allah m'a ordonné de l'avaler".

Allah Tout-Puissant a vu le repentir sincère du Prophète Yunus (A.S) et il a décidé de le sauver. Il a ordonné à la baleine de remonter à la surface et d'éjecter le Prophète sur le rivage. La baleine a obéi et a nagé jusqu'à la surface de l'océan. Il a ensuite éjecté le prophète Yunus (A.S) sur une île éloignée.

Le Prophète était maintenant très malade à cause des acides contenus dans l'estomac de la baleine. Sa peau était enflammée, et quand le soleil se levait, les rayons brûlaient son corps. Le Prophète était sur le point de crier de douleur, mais il a enduré la douleur et a continué ses prières à Allah. Allah (S.W.T) a alors fait pousser un arbre derrière l'endroit où le Prophète Yunus (A.S) priait.

Cet arbre a protégé le prophète des durs rayons du soleil et lui a aussi donné des fruits nourrissants. Peu à peu, il a repris des forces et a retrouvé le chemin de Ninive.

Il a été agréablement surpris de constater le changement qui s'est opéré. Toute la population de Ninive s'est mobilisée pour l'accueillir. Ils l'ont informé que maintenant ils adorent Allah, le seul vrai Dieu. Le Prophète fut ravi d'entendre cela et vécut heureux jusqu'à sa mort.

PROPHÈTE MOUSSA

(ALAIHI SALAM)

Une ère de magie et de perçage de la mer

Le prophète Musa (A.S) est considéré comme un prophète, un messager et un leader de l'Islam. Il est l'individu le plus souvent mentionné dans le Coran. Le Coran indique que le prophète Musa (A.S) a été envoyé par Allah (S.W.T) au Pharaon d'Égypte et aux Israélites pour les guider et les avertir.

Le prophète Musa (A.S) a grandi en tant que prince. Les pharaons qui ont régné sur l'Égypte ont été très cruels envers les descendants du prophète Yaqoob (A.S). Ces descendants étaient connus comme "les enfants d'Israël".

LE RÊVE DU PHARAON & LA NAISSANCE DE MUSA (A.S)

Ils étaient gardés comme esclaves et forcés de travailler pour de petits salaires, et parfois même pour rien. Le pharaon voulait que les Israélites n'obéissent qu'à lui et n'adorent que ses dieux. Ainsi, de nombreuses dynasties sont venues en Égypte, et elles ont supposé qu'elles étaient des dieux ou leur porte-parole représentatif. Les années passèrent, et un homme très cruel nommé Phir'oun était maintenant le pharaon. Il détestait beaucoup les Israélites. Il punissait ces Israélites à chaque occasion. Il détestait les voir se multiplier et prospérer dans son royaume. Une nuit, alors que le pharaon dormait, il a fait un rêve. Dans son rêve, il vit qu'une énorme boule de feu venait du ciel et brûlait la ville. Le feu a brûlé les maisons de tous les Égyptiens, mais les maisons des Israélites sont restées intactes. Cela a horrifié le pharaon. Il n'a pas compris le sens du rêve. Alors, le lendemain, il a appelé ses prêtres et ses magiciens. Il leur a posé des questions sur le rêve qu'il avait fait.

Le prêtre lui dit : "Cela signifie qu'un garçon va naître très bientôt chez les Israélites. Les Égyptiens périront aux mains de ce garçon."

Le pharaon est devenu furieux. Il ordonna de tuer tous les enfants mâles nés des Israélites. L'ordre du pharaon fut exécuté, et les soldats commencèrent à tuer tous les enfants mâles nés des Israélites. C'est à cette époque que le prophète Musa (A.S) est né. Le Prophète est né dans une famille israélite pauvre, et il avait un frère aîné nommé Haroon (A.S), et une soeur aussi. Allah (S.W.T) avait un plan pour le prophète. Il ordonna à sa mère de le placer dans un panier et de le laisser flotter en aval dans le grand fleuve du Nil.

Sa mère a fait ce qu'on lui a dit, et elle l'a laissé flotter dans la rivière. Son cœur a pleuré son fils. Mais elle savait qu'Allah (S.W.T) s'occupait de son fils, et elle savait qu'aucun mal ne lui serait fait. Alors que le panier s'éloignait, elle demanda à sa fille de suivre le panier en aval, et de s'assurer qu'aucun mal ne lui serait fait. La corbeille flotta longtemps dans la rivière, et la soeur du Prophète suivit la corbeille comme sa mère le lui avait demandé.

Allah (S.W.T) guidait le panier et après avoir flotté sur le Nil pendant un certain temps, le panier est entré dans un petit ruisseau. La femme du pharaon se baignait dans ce ruisseau, et quand elle vit le panier, elle demanda à ses serviteurs de le ramener sur la rive. Lorsqu'elle a vu le bébé, elle est tombée amoureuse de lui. La femme du pharaon était très différente du pharaon. Elle était croyante, et elle était aussi miséricordieuse. Elle désirait ardemment un enfant, alors quand elle a vu le bébé, elle l'a embrassé et embrassé. Le pharaon a été surpris de voir sa femme enlacer et embrasser le bébé. Il a été étonné de la voir pleurer avec une joie qu'il n'avait jamais vue auparavant.

"Laissez-moi garder ce bébé, et qu'il soit un fils pour nous", a-t-elle demandé à son mari.

Le pharaon ne pouvait pas la refuser, et ils ont décidé d'adopter le bébé. Au bout d'un certain temps, le bébé a commencé à avoir faim et à pleurer. La reine a fait venir quelques nourrices pour nourrir le bébé, mais il a refusé de prendre leur lait maternel. C'est alors que les soldats ont amené la soeur à la reine.

"Cette fille suivait le panier", lui ont-ils dit.

La soeur a alors répondu : "Je suivais le panier par curiosité, votre altesse." Quand elle a vu son frère pleurer, cela l'a inquiétée. Elle s'est effondrée.

"Je connais quelqu'un qui peut le nourrir", la Reine a accepté et a ordonné aux soldats d'aller chercher la femme dont la petite fille parlait. La soeur du Prophète a alors amené la mère, et elle a commencé à le nourrir. Lorsque l'enfant fut mis au sein, il commença aussitôt à téter le lait. Le pharaon qui regardait tout cela était stupéfait et demanda : "Qui es-tu ? Cet enfant a refusé de prendre tout autre sein que le tien".

La mère du Prophète savait que si elle leur disait la vérité, ils les tueraient immédiatement. Alors, elle leur a dit : "Je suis une femme de lait et d'odeur douce. C'est pourquoi aucun enfant ne me refuse." Sa réponse a satisfait le Pharaon, et ils l'ont nommée nourrice.

LE PROCÈS DU PRINCE D'ÉGYPTE AU TRAVAILLEUR DE MIDIAN

Musa (A.S) a grandi dans le palais en tant que prince. Allah lui a accordé la santé, la force, la connaissance et la sagesse. Il avait un cœur bienveillant, si bien que les faibles et les opprimés se tournaient souvent vers lui pour lui demander de l'aide. Un jour, alors qu'il se promenait dans la ville, il vit un soldat égyptien battre un Israélite. Quand l'Israélite a vu le prophète, il l'a supplié de l'aider. Le prophète a décidé d'aider le pauvre homme et a demandé au soldat d'arrêter de battre l'Israélite. Le soldat a remis en question son autorité et a dit quelque chose qui a énervé le prophète. Le prophète a d'abord essayé de raisonner le soldat, mais il n'a pas voulu écouter. Puis le prophète s'est avancé et a frappé le soldat avec un coup si puissant qu'il s'est effondré et est mort. Lorsqu'il a réalisé ce qu'il avait fait, une sueur froide a jailli de son front.

Il s'est dit : "C'est l'œuvre maléfique de Shaitaan. Il m'a induit en erreur."

Le Prophète savait que c'était un péché de tuer quelqu'un jusqu'à ce qu'il soit jugé et reconnu coupable. Il s'est agenouillé à terre et a prié Allah,

"O mon Seigneur ! J'ai en effet fait du tort à mon âme. Pardonnez-moi, s'il vous plaît."

Le lendemain, il a vu le même Israélite se battre avec un autre homme. Le Prophète a aidé les plus faibles et a dit : "Vous semblez vous battre tous les jours avec l'un ou l'autre."

L'Israélite a eu peur et a dit : "Je suis vraiment désolé. S'il te plaît, ne me tue pas comme tu as tué un soldat hier."

L'Égyptien avec lequel l'Israélite se battait a entendu ces remarques et il en a fait part aux autorités. Le lendemain, alors que Musa (A.S) se promenait dans la ville, un homme est venu le voir en courant.

"Musa ! les soldats viennent t'arrêter. Partez pendant qu'il est encore temps", dit l'homme.

Le Prophète savait que la peine pour avoir tué un Égyptien était la mort, il décida donc de quitter l'Égypte. Le Prophète a quitté l'Égypte en toute hâte. Il n'a même pas pris la peine de se changer. Il n'était pas préparé à voyager, il n'avait donc pas d'animal à monter, ni de caravane. Il était parti dès que l'homme l'avait prévenu.

Le prophète Musa (A.S) a erré dans le désert pendant de nombreux jours et nuits. Il se dirigeait vers Midian, la ville la plus proche entre la Syrie et l'Égypte. Son seul compagnon dans le désert était Allah, et sa seule provision était la piété. Le sable brûlant lui a brûlé la plante des pieds, mais craignant d'être poursuivi par les soldats, il s'est forcé à continuer à marcher. Il marcha pendant huit jours et huit nuits dans cet état. Le Prophète parvint finalement à traverser le désert, et il atteignit la périphérie de Madian. Après avoir marché un peu plus longtemps, il atteignit un point d'eau à l'extérieur de la ville. Dès qu'il a atteint la source, il s'est jeté sous un arbre pour se reposer un certain temps. En reprenant son souffle, il a remarqué deux femmes se tenant à l'écart avec leurs moutons. Elles se tenaient loin, hésitant à s'approcher de la foule. Le Prophète sentit que la femme avait besoin d'aide. Étant un homme d'honneur, il ignora sa poussée et se dirigea vers elles.

"Puis-je vous aider de quelque manière que ce soit ? Pourquoi restez-vous à l'écart ?" leur demanda-t-il. Alors la grande soeur a répondu : "Nous attendons que les hommes aient fini d'abreuver leurs moutons."

"Pourquoi attendez-vous ?" leur demanda-t-il à nouveau. "Nous sommes impuissants", disaient-ils.

"Notre père est très vieux, et il n'a pas la force d'affronter cette foule. Si nous allons de l'avant, ces hommes forts nous mettront à l'écart. Alors, quand ces gens auront fini, nous emmènerons nos animaux à l'eau. C'est notre routine quotidienne", ont-ils expliqué.

Le Prophète a emmené les moutons des femmes à la mare où il s'est facilement glissé parmi les hommes. Lorsqu'il s'approcha de l'eau, il vit que les bergers avaient mis le gros rocher pour couvrir le puits. Le Prophète a soulevé le rocher à lui seul et a laissé les animaux boire. Les gens qui se tenaient là étaient stupéfaits lorsqu'ils le virent soulever la pierre d'une seule main. Il est alors retourné s'asseoir à l'ombre de l'arbre. C'est alors qu'il a réalisé qu'il avait oublié de boire.

"O Seigneur !" pria-t-il, "Quel que soit le bien que tu puisses m'accorder, j'en ai sûrement besoin maintenant."

Lorsque leurs filles sont rentrées chez elles plus tôt que d'habitude, cela a surpris leur père. Les filles ont alors expliqué ce qui s'était passé à l'Oasis et pourquoi elles étaient arrivées plus tôt. Leur père voulait remercier l'étranger, il a donc envoyé une de ses filles pour inviter l'étranger chez lui.

L'une des filles est retournée voir le prophète et lui a dit : "Mon père veut te récompenser pour ta gentillesse, et il t'invite chez nous". Il accepta et accompagna la jeune fille chez son père.

Lorsqu'ils arrivèrent à la maison, le prophète se présenta et lui raconta l'histoire de sa vie. Il leur a ensuite expliqué pourquoi il avait dû fuir l'Égypte. Le vieil homme le réconforta : "Sois reconnaissant à Allah que tu aies réussi à échapper à ces tyrans. Tu ne dois pas avoir peur maintenant."

Le vieil homme et ses filles aimaient beaucoup le comportement doux du prophète. Ils l'ont invité à rester avec eux quelques jours, et le prophète a accepté leur invitation avec joie. L'hôte a vite compris que le prophète était un homme digne de confiance.

Un jour, le vieil homme s'est approché de lui et lui a dit : "Je souhaite te marier à l'une de mes filles." Le Prophète était heureux d'entendre cela.

"Mais à une condition", a ajouté le vieil homme. "Vous devez accepter de travailler pour moi pendant une période de huit ans."

Le prophète Musa (A.S) était un étranger dans un pays étranger. Épuisé et seul, cette offre lui convenait parfaitement. Il épousa la fille du Madianite et s'occupa de ses animaux pendant dix longues années. Le temps a passé, et il est resté loin de sa famille et de son peuple. Cette période de dix ans fut très importante pour le prophète. C'était une période de grande préparation. Musa (A.S) a accompli dix ans de son service comme il l'avait promis.

LE MONT TUR & LA RÉVÉLATION D'ALLAH

Un jour, il a soudain été terrassé par le mal du pays. Sa famille et la terre d'Égypte lui manquaient. Il voulait désespérément retourner en Égypte. Cette nuit-là, il est allé voir sa femme et lui a dit : "Nous partirons pour l'Égypte demain."

Sa femme a accepté, et ils ont commencé à faire leurs bagages. Musa (A.S) a quitté Midian avec sa famille et a voyagé dans le désert. Ils ont voyagé pendant de nombreux jours et ont finalement atteint les environs du mont Sinaï.

"Je pense que nous nous sommes égarés", a dit le Prophète.

Musa (A.S) n'était pas sûr, il a donc décidé de camper là pour la nuit. Il est ensuite parti à la recherche de bois pour allumer un feu. Il a continué à chercher et a atteint le mont Tur. En marchant, il a remarqué qu'un feu brûlait au sommet de la montagne. Musa (A.S) s'est dirigé vers le feu, et comme il le faisait, il a entendu une voix.

"O Musa ! Je suis Allah, le Seigneur de l'Univers", dit la voix.

Le prophète Musa (A.S) a réalisé que c'était bien Dieu qui lui parlait, et il a donc marché vers le feu. Allah (S.W.T) a alors demandé au prophète d'enlever ses chaussures alors qu'il se tenait sur une terre sainte. Dieu lui a alors révélé qu'il avait été choisi pour une mission spéciale et lui a demandé de suivre ses instructions.

"Et qu'est-ce qu'il y a dans votre main droite ?" lui demanda Allah.

"C'est mon personnel", a-t-il répondu. "Sur lequel je m'appuie, et avec lequel j'abat les branches pour mes moutons."

"Jetez votre bâton !", ordonnait la voix. Et à peine le prophète avait-il jeté le bâton qu'il se transforma en serpent frétillant. Musa (A.S) fut si effrayé qu'il se mit à courir.

Mais la voix a dit : "Ne crains pas et saisis ton bâton, nous le rendrons à son ancien état".

Le prophète était terrifié par le serpent. Il a alors fait confiance à la voix et a placé sa main sur le serpent. Il s'est immédiatement retransformé en bâton.

La peur de Musa (A.S) s'est atténuée et a été remplacée par la paix, car il a réalisé qu'il parlait effectivement à Dieu. Ensuite, Allah (S.W.T) lui a ordonné de mettre sa main à l'intérieur de la robe. Le Prophète fit ce qu'on lui ordonna, et lorsqu'il retira sa main, elle brillait brillamment.

Allah lui ordonna alors d'aller en Égypte et de faire face au Pharaon. Il lui dit que le Pharaon était devenu arrogant et qu'il supprimait les Israélites. Musa (A.S) craignait d'être arrêté s'il retournait en Égypte. Alors, il a dit : "Oh Allah ! J'ai tué un homme parmi eux, et je crains qu'ils ne me tuent."

Puis Allah (S.W.T) le réconforta en lui disant : "Va leur délivrer ce message. Montrez-leur le chemin de la vérité. Prends ton frère Haroon, pour t'assister. Ils ne pourront pas te faire de mal du tout."

Allah (S.W.T) l'a assuré de sa sécurité et le prophète a été convaincu.

LA RÉUNION DES FRÈRES & LE PREMIER DÉFI À L'ARROGANCE DU PHARAON

Le prophète a alors pris sa famille et s'est mis en route vers l'Égypte. Ils marchèrent pendant plusieurs jours et finalement, ils arrivèrent en Égypte. Lorsqu'ils arrivèrent à l'extérieur de la ville, son frère Haroon (A.S) l'attendait. Haroon (A.S) était également un prophète. Il avait reçu la vision de Dieu, et dans cette vision, il avait vu que son jeune frère allait bientôt arriver pour libérer les Israélites. Quand Musa (A.S) a réalisé que c'était son frère, il était en larmes. Ils se dirigèrent alors tous les deux vers le palais. Le prophète n'était pas allé en Égypte depuis de nombreuses années, et il savait que sa vie était en danger. Rien n'aurait pu le ramener, sauf le commandement d'Allah (S.W.T).

Le prophète pouvait encore entendre les paroles d'Allah qui résonnaient à ses oreilles : "Va vers le pharaon et dis-lui de laisser les Israélites quitter le pays d'Égypte".

Musa (A.S) se tenait maintenant devant le pharaon avec son frère. Le Prophète parla au Pharaon d'Allah (S.W.T) et de sa miséricorde. Mais le Pharaon refusa d'écouter parce qu'il se considérait comme un dieu. Il a écouté le discours du Prophète avec dédain. Il pensait que le prophète était fou de remettre en question sa position suprême. Après que le prophète ait fini de délivrer le message d'Allah, le pharaon a levé la main et a demandé : "Que voulez-vous ?"

"Je veux que tu envoies les enfants d'Israël avec nous", répondit le prophète. "Les Israélites sont mes esclaves. Pourquoi devrais-je les envoyer avec vous ?" "Ce ne sont pas vos esclaves, ce sont les esclaves d'Allah." répondit Musa. Cette réponse a mis le pharaon en colère. "N'es-tu pas Musa ?"

Le Prophète secoua la tête et répondit : "Oui".

"Nous t'avons ramassé dans le Nil et nous t'avons élevé, n'est-ce pas ?" demanda le pharaon. "N'es-tu pas Musa qui a tué un Égyptien ? Tu es un fugitif de la justice, et comment oses-tu venir me parler ?"

Le Prophète a ignoré son sarcasme et a expliqué qu'il avait tué l'Égyptien dans un accident. Cela n'a jamais été délibéré. Il a ensuite informé le pharaon qu'Allah (S.W.T) lui avait accordé son pardon et qu'il était désormais l'un de ses messagers.

Le pharaon a demandé à Musa (A.S) de montrer un signe pour prouver qu'il était le messager de Dieu. Le Prophète a jeté son bâton par terre. Il s'est transformé en serpent, glissant et glissant sur le sol. Le pharaon était terrifié au début, mais il s'est efforcé de ne pas le montrer.

"Ha !" dit le pharaon avec arrogance.

"Nous avons de nombreux sorciers dans notre royaume qui peuvent égaler votre magie."

Il s'est adressé à ses conseillers : "Ce sont deux sorciers qui vous dépouilleront de vos meilleures traditions et vous chasseront du pays grâce à leur magie. Que leur recommandez-vous ?"

Les conseillers ont dit au Pharaon de détenir Musa (A.S) et son frère pendant qu'ils convoquaient les plus habiles magiciens du pays. Ils pourraient alors, eux aussi, montrer leurs talents de magiciens et changer les bâtons en serpents. De cette façon, ils cherchaient à réduire l'influence de ses miracles sur les masses. Le pharaon a détenu le prophète et son frère au palais. Il convoqua ensuite tous les meilleurs magiciens de son royaume au palais. Le Pharaon leur promit d'énormes récompenses si leur magie était trouvée meilleure que celle du Prophète.

Le jour de la fête coutumière, qui attirait des citoyens de tout l'empire égyptien, le pharaon a organisé un concours public entre Musa (A.S) et les magiciens. Les gens sont venus en grand nombre, comme avant, lorsqu'ils ont entendu parler du plus grand concours jamais organisé entre les nombreux magiciens du Pharaon et un seul homme qui prétendait être un prophète. Ils avaient également entendu parler d'un bébé qui avait autrefois descendu le Nil dans un panier, atterri sur les terres du palais du Pharaon, avait été élevé comme un prince et qui s'était ensuite enfui pour avoir tué un Égyptien d'un seul coup.

CONCOURS ENTRE MUSA (A.S) ET LES MAGICIENS D'EGYPTE

Le jour du concours est arrivé, et le palais était bondé de monde. Les magiciens se tenaient d'un côté, et le prophète Musa (A.S) et son frère Haroon (A.S) se tenaient en face d'eux. Tout le monde dans le palais se mettait du côté du Pharaon, et le prophète et son frère se tenaient seuls.

Tout le monde était impatient et excité de voir ce grand concours. Avant qu'il ne commence, Musa (A.S) s'est levé. Il y avait un silence dans l'énorme foule. Musa (A.S) s'est adressé aux magiciens.

"Dommage pour vous, si vous inventez un mensonge contre Allah en appelant Ses miracles de la magie et en n'étant pas honnête avec le Pharaon. Malheur à vous, si vous ne connaissez pas la différence entre la vérité et le mensonge. Allah vous détruira par Son châtiment, car celui qui ment contre Allah échoue misérablement."

Musa (A.S) avait parlé sincèrement et avait fait réfléchir les magiciens. Mais ils étaient accablés par leur avidité pour l'argent et la gloire. Ils espéraient impressionner les gens avec leur magie et dénoncer Musa (A.S) comme un escroc et un tricheur.

Musa (A.S) a demandé aux magiciens de se produire en premier. On dit qu'il y avait plus de soixante-dix magiciens alignés à la suite. Les magiciens lancent leurs bâtons et leurs robes, et soudain le sol est inondé d'une mer de serpents. Ils se tortillaient et se glissaient partout. Le pharaon et ses hommes applaudirent bruyamment. La foule fut stupéfaite en voyant cela, et elle pensa que le Prophète n'allait jamais battre une magie aussi puissante.

Musa (A.S) avait également peur, mais il savait qu'Allah était de son côté. Le Prophète a jeté son bâton par terre, et soudain il s'est transformé en un gigantesque serpent. Les gens se sont levés, en se tordant le cou pour mieux voir. Le Pharaon et ses hommes s'assirent en silence alors qu'un par un le serpent mangeait tous les autres petits qui gisaient sur le sol. Musa (A.S) se pencha pour le ramasser, et il devint un bâton dans sa main.

Quand la foule a vu cela, elle s'est levée comme une vague qui acclamait le prophète. Une telle merveille n'avait jamais été vue auparavant. Les magiciens ont été surpris et ils ont su que ce n'était pas un simple tour et que le serpent était réel. Ils ont réalisé que Musa (A.S) n'était ni un magicien ni un sorcier et que son pouvoir venait de quelque chose de plus grand. Alors, ils se sont mis à genoux pour demander le pardon d'Allah. Allah leur a pardonné mais le Pharaon est devenu furieux.

"Comment pouvez-vous croire en son Dieu avant que je vous en donne la permission ?" leur demanda-t-il avec colère.

Les magiciens ont répondu : "Faites ce que vous voulez, mais nous craignons le châtiment d'Allah bien plus que vous".

Le pharaon s'est mis en colère quand il a entendu cela. Il réalisa alors qu'il avait un problème, car le Prophète ne cessait de lui demander de libérer les Israélites. Il a construit son royaume sur la peur des Israélites et tout le monde le considérait comme un dieu. Il craignait maintenant que son royaume ne soit sur le point d'être démantelé.

LE CHÂTIMENT D'ALLAH AUX ÉGYPTIENS

Après le concours, le pharaon s'est senti menacé par Musa (A.S) mais il est devenu plus arrogant. Il convoqua tous les ministres et dirigeants à une réunion sérieuse.

"Suis-je un menteur, O Haman ?" Il a ouvert la séance par cette question. Haman s'est levé et a demandé : "Qui a osé vous accuser de mentir ?" "Musa n'a-t-il pas dit qu'il y a un Seigneur dans les cieux ?"

"Musa ment", dit Haman.

Le pharaon a alors ordonné de tuer et de torturer tous ceux qui suivaient le Prophète. Les soldats ont alors commencé à torturer les Israélites. Ils ont tué les hommes, et même les bébés n'ont pas été épargnés. Ils ont emprisonné tous ceux qui osaient s'opposer à eux. Le Prophète est resté debout à regarder leurs actes horribles, impuissant. Il a demandé au peuple d'être patient et d'avoir foi en Allah (S.W.T).

Allah a ordonné à Musa (A.S) d'avertir le Pharaon que lui et les Egyptiens subiraient un sévère châtiment si les enfants d'Israël n'étaient pas libérés. Le Prophète alla de nouveau à la rencontre du Pharaon. Il fit alors une nouvelle demande de libération des Israélites, mais le Pharaon refusa. C'est alors que Dieu affligea l'Égypte d'une grave sécheresse. Même les vallées verdoyantes et fertiles du Nil commencèrent à se flétrir et à mourir. Les récoltes échouèrent et les animaux moururent. Alors même que les Égyptiens souffraient de la famine, le pharaon refusa d'obéir et resta arrogant. Alors Dieu envoya un énorme déluge pour dévaster la terre d'Égypte. Elle noya les villageois, les récoltes furent détruites et de nombreux Égyptiens furent tués. Alors le peuple, y compris les principaux ministres, a fait appel à la Musa (A.S).

"Musa !" s'écrièrent-ils. "S'il vous plaît, aidez-nous ! Nous croirons en toi et en ton Dieu si tu nous enlèves ce châtiment. Nous laisserons les enfants d'Israël partir avec toi."

Le prophète a alors prié Dieu et la terre est revenue à la normale. Elle est devenue fertile, et les cultures ont repoussé. Mais les enfants d'Israël étaient toujours asservis. Ils n'étaient pas autorisés à partir comme promis. Le Prophète leur demanda de tenir leur promesse, mais ils ne firent pas attention à sa demande. Ils l'ignorèrent et s'en allèrent.

Il pria à nouveau Dieu, et cette fois, Allah envoya des invasions de sauterelles en Égypte. Les criquets ont attaqué les cultures et ont tout avalé sur leur passage. Le peuple s'est précipité vers le Prophète pour lui demander de l'aide. Les ministres promirent de laisser partir les Israélites s'il envoyait les sauterelles. Le Prophète pria de nouveau Dieu, et la sauterelle s'éloigna. Mais même maintenant, ils n'ont pas laissé les Israélites partir comme ils l'avaient promis. Après cela, Dieu envoya le fléau des poux, répandant la maladie parmi les Égyptiens. Elle a été suivie d'un fléau de grenouilles qui a harcelé et terrifié le peuple.

Chaque fois que Dieu envoyait son châtiment, le peuple se précipitait vers le Prophète en le suppliant de le sauver. Ils promirent de libérer les Israélites à chaque fois, mais lorsque Dieu retira les punitions, ils refusèrent de les laisser partir. Puis le dernier signe, "le signe du sang", fut révélé. L'eau du Nil s'est transformée en sang. L'eau semblait normale lorsque les Israélites buvaient dans le fleuve. Cependant, si un Égyptien remplissait sa coupe d'eau, l'eau se transformait en sang. Ils se précipitèrent vers le

Prophète comme d'habitude, et dès que tout fut redevenu normal, ils tournèrent le dos à Allah (S.W.T).

Les Égyptiens refusent de croire en Allah malgré les miracles que Musa (A.S) a accomplis. Le peuple du Pharaon faisait appel à Musa (A.S) en promettant de libérer les Israélites, mais à maintes reprises, ils n'ont pas tenu leurs promesses.

L'EXODE ET LA DISPARITION DU PHARAON

Finalement, Dieu a retiré sa miséricorde et a donné l'ordre à Musa (A.S) de conduire son peuple hors d'Egypte. Le peuple emporta avec lui ses bijoux et ses autres biens. Cette migration de masse fut plus tard connue sous le nom d'"Exode".

Dans l'obscurité de la nuit, le Prophète a conduit son peuple vers la mer Rouge. A ce moment, le Pharaon réalisa que les Israélites avaient quitté la ville. Il devint furieux, et il rassembla une armée pour suivre et capturer les Israélites.

Au petit matin, les Israélites avaient atteint la mer Rouge. Lorsque le prophète Musa (A.S) se retourna, il pouvait voir l'armée se rapprocher de plus en plus. Il a réalisé qu'ils seraient bientôt pris au piège. Devant eux se trouvait la mer Rouge, et derrière eux, l'armée du Pharaon.

La peur et la panique ont commencé à se répandre dans la population. Musa (A.S) se dirigea vers le bord de la mer Rouge et regarda l'horizon. C'est alors que Yusha (A.S) s'est tourné vers le prophète Musa (A.S) et lui a demandé : "Devant nous se trouve cette barrière infranchissable - la mer. Et notre ennemi s'approche par derrière. La mort ne peut certainement pas être évitée".

Mais le prophète Musa (A.S) n'a pas paniqué. Il se tint en silence et attendit qu'Allah (S.W.T) tienne sa promesse - libérer les enfants d'Israël. À ce moment,

Allah a ordonné à Musa (A.S) de frapper la mer avec son bâton. Musa (A.S) a fait ce qu'on lui a ordonné.

Un vent violent a soufflé. La mer se mit à tourbillonner et à tourner. Et soudain, la mer se sépara, révélant un chemin pour les gens. C'était un miracle. Musa (A.S) a alors conduit son peuple à travers la mer. Alors qu'ils marchaient, la vague se dressait comme une montagne de chaque côté. Le prophète a veillé à ce que tout le monde traverse la mer en toute sécurité. Quand il s'est retourné, il a pu voir le pharaon et ses hommes s'approcher.

> *"Sauf pour ceux qui sont patients et font de bonnes actions ; ceux-là auront le pardon et une grande récompense." [Hud 11:11]*

Le pharaon et son armée avaient eux aussi vu ce miracle. Mais le pharaon était un prétendant. Il voulait s'attribuer le mérite de ce miracle, alors il a crié à ses hommes : "Regardez ! la mer s'est ouverte à mon commandement, afin que nous puissions les arrêter."

Ils se sont précipités à travers les eaux partagées en suivant les Israélites. Mais quand ils ont atteint la moitié de la distance, l'eau s'est écrasée sur eux.

Le pharaon a réalisé qu'il allait mourir. Il a crié par peur : "Je crois qu'il n'y a pas d'autre Dieu qu'Allah et je me rends à toi".

Mais il était trop tard. Le rideau est tombé sur la tyrannie du pharaon, et les vagues ont emporté son corps sur le rivage. Quand les Égyptiens virent son corps, ils réalisèrent que l'homme qu'ils avaient vénéré ne pouvait même pas empêcher sa propre mort. Ils savaient maintenant qu'il n'avait jamais été un dieu.

LE DÉFI DES ISRAÉLITES

Dieu avait favorisé les enfants d'Israël et il les a conduits en toute sécurité hors d'Égypte. Après quelques jours de marche dans le désert, ils ont eu soif. Dieu a alors ordonné à Musa (A.S) de frapper un rocher avec son bâton. Un miracle se produisit et douze sources d'eau différentes jaillirent du rocher. Chaque source était destinée à douze tribus différentes. Dieu a fait cela pour qu'il n'y ait pas de dispute lors du partage de l'eau. Dieu a également envoyé des nuages pour les protéger du soleil brûlant. Et lorsqu'ils avaient faim, il leur envoyait un aliment spécial et délicieux appelé Manna. Mais malgré la générosité de Dieu, beaucoup de gens continuaient à se plaindre au Prophète.

Musa (A.S) a grondé les gens et leur a rappelé qu'ils venaient de quitter la vie d'esclave. Il leur a demandé d'être heureux à la place, et de remercier Dieu pour sa générosité.

Les enfants des Israélites étaient des gens brisés, incapables de se tenir à l'écart du péché et de la corruption. Ils étaient fatigués de la manne, et fatigués de voyager. Ils se demandaient s'il existait vraiment un endroit appelé "Caanan" après tout. Les gens continuaient à voyager dans le désert pendant des jours et des jours. Ils marchaient sans destination, jour et nuit, matin et soir. Finalement, ils sont entrés dans le "Sinaï".

Musa (A.S) a réalisé que c'était l'endroit où il avait parlé à Dieu avant son voyage en Égypte. Il a décidé de gravir la montagne, alors il a appelé son frère Haroon (A.S) et lui a demandé de prendre en charge le peuple pendant son absence. Mais avant d'escalader la montagne, Dieu ordonna au prophète de jeûner pendant trente jours. Le trentième jour, Dieu a ensuite demandé au Prophète de jeûner pendant dix jours supplémentaires. Une fois le jeûne terminé, Musa (A.S) était prêt à parler au Seigneur une fois de plus. Il commença alors à gravir la montagne. L'ascension fut longue et difficile.

Une fois qu'il a atteint le sommet, Dieu lui a donné deux tablettes, dans lesquelles étaient écrites les lois spéciales pour gouverner les Israélites. Musa (A.S) était parti depuis quarante jours et le peuple s'impatientait. Ils étaient comme des enfants, ils se plaignaient et agissaient de manière impulsive.

Parmi eux, il y avait un homme nommé "Samiri", qui était plus enclin au mal.

Il a suggéré qu'ils avaient besoin d'un autre guide, et il leur a dit que le prophète Musa (A.S) les avait abandonnés.

"Pour trouver la vraie direction, il faut un vrai Dieu", criait-il aux Israélites. "Je t'en fournirai un." Il commença par rassembler tous leurs bijoux. Puis il a creusé un trou dans le sol, dans lequel il a placé un lot, et a mis tous les bijoux à l'intérieur. Puis, il a allumé un feu.

Samiri a ensuite fabriqué un veau d'or à partir du métal fondu. C'était comme s'ils avaient réussi à faire un dieu.

Haroon (A.S), le frère du prophète Musa (A.S), a d'abord eu peur de s'opposer au peuple. Mais quand il a vu l'idole, il a pris la parole,

"Vous commettez un grave péché !" leur cria-t-il. Il les a avertis des conséquences de leurs actes. "Nous ne cesserons de vénérer ce dieu qu'au retour de Musa (A.S)", répondirent-ils.

Ceux qui sont restés fidèles à leur croyance se sont séparés des adorateurs de l'idole. Ils se sont joints à Haroon (A.S). Quand Musa (A.S) est revenu, il a vu son peuple danser autour de l'idole. Son cœur était maintenant rempli de honte et de colère. Dans sa colère, il a jeté les tablettes au sol. Il a ensuite tiré la barbe de Haroon et ses cheveux en criant : "Qu'est-ce qui t'a retenu quand tu les as vus faire ça ? Pourquoi ne les as-tu pas combattus ?"

"O fils de ma mère, lâche ma barbe. Ils étaient sur le point de me tuer." Musa (A.S) a compris l'impuissance de Haroon, et il a commencé à gérer la situation avec calme et sagesse. Il a appelé Samiri et lui a dit : "Va-t'en d'ici. Tu vivras seul pour le reste de ta vie." Musa (A.S) l'a envoyé en exil pour toujours. Il savait qu'Allah les punirait pour avoir adoré l'idole. Alors, il a choisi soixante-dix personnes âgées de chaque tribu et leur a ordonné.

"Rush towards Allah (S.W.T) and repentent for what you have done." Il a ensuite commencé à escalader le mont Sinaï avec ces soixante-dix anciens. Une fois qu'ils ont atteint le sommet, le Prophète a demandé aux anciens de l'attendre, et il a marché devant eux. Là, il a commencé à communiquer avec Allah (S.W.T).

Les anciens pouvaient entendre Musa (A.S) parler avec Dieu, mais ils ne pouvaient pas le voir. Le prophète est revenu au bout d'un certain temps et les anciens lui ont dit,

"O Musa ! Nous ne croirons jamais en toi tant que nous n'aurons pas vu Allah nous-mêmes."

Leur demande obstinée a été récompensée par des coups de foudre punitifs et un tremblement de terre, qui les a tous tués sur le coup. Musa (A.S) était maintenant très triste. Il se demandait ce qu'il allait dire aux enfants des Israélites. Ces soixante-dix hommes étaient les meilleurs du peuple. Alors, il s'est tourné vers Dieu et a prié pour le pardon. Allah a entendu ses prières, et il a ressuscité les morts.

Les enfants d'Israël ont erré dans le désert pendant de nombreuses années. Musa (A.S) a beaucoup souffert à cause de l'ignorance de son peuple. Il a tout souffert pour le bien de son peuple. Allah ne les a jamais laissés atteindre la terre promise à cause des péchés commis par les Israélites.

LA MORT DU PROPHÈTE MUSA (A.S)

Après quelques années, le prophète Haroon (A.S) est mort, alors qu'ils erraient dans le désert. Lorsque l'heure de la mort du prophète Musa (A.S) est arrivée, l'ange de la mort lui a été envoyé. Lorsque l'ange est venu voir le prophète, il lui a donné une claque sur l'œil. L'ange est retourné vers le Seigneur et lui a dit : "Tu m'as envoyé vers un esclave qui ne voulait pas mourir."

Puis Allah a dit : "Retourne à lui maintenant. Quand vous le rencontrerez, demandez-lui de mettre sa main sur le dos d'un bœuf. Dites-lui que pour chaque poil qui lui tombe sous le bras, il lui sera accordé un an de vie."

L'ange est retourné vers le Prophète et lui a donné le message d'Allah. "Que se passera-t-il après cela ?" a demandé Musa (A.S).

"La mort", dit l'Ange.

"Alors, qu'il vienne maintenant", répondit le prophète.

Le Prophète a alors demandé à Allah (S.W.T) de le laisser mourir près de la Terre Sainte, afin qu'il puisse au moins la voir de loin. Allah a accédé à sa demande, et il est mort peu après.

Le prophète Musa (A.S), celui à qui Allah (S.W.T) s'est adressé directement, est mort avec une âme satisfaite et un cœur fidèle.

PROPHÈTE SALOMON

(ALAIHI SALAM)

Le plus grand roi jamais gouverné

Le prophète Sulaiman (Salomon) (A.S) a hérité de la prophétie et de la domination du prophète Dawud (David) (A.S). Il ne s'agissait pas d'un héritage matériel, car les prophètes ne laissent pas leurs biens. Il est donné aux pauvres et aux nécessiteux, et non à leurs parents.

Le prophète Muhammad (P.B.U.H) a dit,

"Les biens des Prophètes ne seront pas hérités, et tout ce que nous laisserons sera utilisé pour la charité." (Sahih Al-Bukhari).

Prophet Le prophète Sulaiman (A.S) était très intelligent depuis son enfance. Un jour, deux personnes sont venues avec leur valise devant le prophète Dawud (A.S) en présence de Sulaiman (A.S). L'une d'entre elles était un fermier, et l'autre un pauvre berger. Le fermier s'est plaint que les moutons du pauvre berger ont brouté sur sa ferme et ont causé des dégâts importants. Il a demandé une indemnisation au berger. Dawud (A.S) a ordonné au berger de donner tous ses moutons à l'agriculteur en guise de compensation.

Sulaiman (A.S), avec tout le respect dû au jugement de son père, a pris la permission et a humblement suggéré une autre option. Il suggéra que le pauvre berger prenne la ferme et la cultive et que le fermier garde les moutons et utilise leur lait et leur laine. Lorsque la ferme sera remise dans son état d'origine, le fermier devrait la reprendre et les moutons devront être rendus au berger à nouveau. Dawud (A.S) a été étonné par cette solution et l'a appréciée. Il n'a pas hésité à accepter une suggestion de l'enfant.

Le prophète Dawud (A.S) était un roi sage, et lorsqu'il est décédé, le prophète Sulaiman (A.S) est devenu roi. Il supplia Allah (S.W.T) pour un royaume si grand et si puissant, comme aucun autre après lui n'en aurait eu, et Allah exauça son souhait. Outre la sagesse, Allah avait béni Sulaiman (A.S) par de nombreux miracles. Il pouvait contrôler les vents, et il pouvait facilement parcourir des distances interminables en une courte période avec l'aide du vent, et comprendre et parler aux oiseaux et aux animaux. Les djinns, qui sont une création invisible aux yeux des humains aujourd'hui, étaient également sous le commandement de Sulaiman (A.S). Il était la seule personne à qui Allah avait accordé le pouvoir de contrôler les djinns. Il pouvait les commander et les utiliser pour son service. Il pouvait même les faire souffrir pour leur désobéissance.

Allah (S.W.T) lui a ordonné d'enseigner aux hommes et aux djinns, d'exploiter la terre et d'extraire ses minéraux pour fabriquer des outils et des armes. Il lui a également accordé une mine de cuivre, un métal rare à l'époque.

À cette époque, les chevaux étaient le moyen de transport le plus courant. Ils étaient très essentiels pour la défense, pour transporter les soldats et les provisions des charrettes, et les armes de guerre. Les animaux étaient bien soignés et bien entraînés. Un jour, Sulaiman (A.S) passait en revue un défilé de son écurie. La forme, la beauté et la posture des chevaux le fascinaient tellement qu'il continuait à les caresser et à les admirer. Cela l'a occupé pendant un certain temps, ce qui a affecté d'une manière ou d'une autre son adoration d'Allah (S.W.T). Cela lui a fait réaliser que les choses du monde pouvaient affecter le souvenir d'Allah (S.W.T) et il s'est repenti envers le Seigneur après cela.

Une fois, Sulaiman (A.S) a rassemblé son armée, qui comptait différents bataillons d'hommes, de djinns, d'oiseaux et d'animaux. Il les a emmenés au pays d'Askalon. Alors qu'ils traversaient une vallée, une fourmi vit l'armée qui approchait et cria pour avertir les autres fourmis,

"Courez chez vous ! Sinon, Sulaiman (A.S) et son armée, inconscients, pourraient vous écraser !"

Sulaiman (A.S), entendant le cri de la fourmi, sourit. Il était heureux que la fourmi sache qu'il était un Prophète qui ne nuirait pas intentionnellement à la création d'Allah. Il a remercié Allah d'avoir sauvé la vie des fourmis.

L'ABSENCE DE HUPPE (HUD-HUD)

À Jérusalem, sur un énorme rocher, Sulaiman (A.S) a construit un beau temple pour inciter les gens à adorer Allah (S.W.T). Aujourd'hui, ce bâtiment est connu sous le nom de "Dôme du Rocher". De là, un groupe important de disciples a rejoint Sulaiman (A.S) pour le pèlerinage à la Sainte Mosquée de La Mecque. Après avoir accompli leur Hadj, ils se sont rendus au Yémen et sont arrivés dans la ville de San'a. Leur méthode astucieuse pour canaliser l'eau dans toutes leurs villes a impressionné Sulaiman (A.S). Il était désireux de construire des systèmes d'eau similaires dans son propre pays mais n'avait pas assez de sources.

Il s'est mis à la recherche de la huppe fasciée, qui peut détecter l'eau sous le sol. Un jour, Sulaiman (A.S) avait rassemblé son armée composée d'humains, d'animaux, d'oiseaux, de djinns et bien sûr de vent. Les yeux aiguisés de Sulaiman (A.S) ont remarqué l'absence d'un oiseau huppe (hud-hud) dans l'immense rassemblement. Il décida de punir sévèrement ou d'imposer la peine de mort à l'oiseau en tant qu'action non disciplinaire, mais il donna à l'oiseau une chance d'expliquer la raison de son absence. Il a envoyé des signaux dans tout le royaume pour l'appeler, mais il n'a été trouvé nulle part.

La huppe est finalement venue à Sulaiman (A.S), et a expliqué la raison de son retard.

"J'ai découvert quelque chose dont vous n'êtes pas au courant. Je viens de Saba (Sab'a) avec des nouvelles importantes". Sulaiman (A.S) est devenu curieux, et sa colère s'est calmée.

L'oiseau a continué : "Au-delà de la connaissance de Sulaiman (A.S), il y a un royaume nommé Sheba, qui était gouverné par une reine nommée 'Bilqis', qui possédait beaucoup de choses dont un splendide Trône. Mais malgré toutes ces richesses, Satan est entré dans son cœur et dans le cœur de son peuple. Elle dirige complètement leur esprit. J'ai été choqué d'apprendre qu'ils adorent le soleil au lieu d'Allah, le Tout-Puissant".

Pour vérifier les informations de la huppe, Sulaiman (A.S) a envoyé une lettre à la Reine avec l'oiseau et a attendu la réponse. Il a demandé à l'oiseau de rester caché et de tout surveiller.

LA REINE DE SABA

La huppe a fait tomber la lettre devant la reine et s'est envolée pour se cacher. Elle l'a ouverte et l'a lue :

> *"En vérité ! C'est de Sulaiman, et en vérité !"* On peut lire : *"Au nom d'Allah, le Tout Miséricordieux et le Très Miséricordieux, ne vous exaltez pas contre moi, mais venez à moi en tant que musulmans (vrais croyants qui se soumettent avec une entière soumission)"*. (Ch 27:30-31).

La reine de Saba (Bilqis) était vraiment intelligente. Après avoir reçu la lettre, elle a discuté de la question avec ses chefs et a demandé leurs conseils. Les chefs ont laissé entendre qu'ils étaient assez puissants pour riposter. Ils ont réagi comme à un défi, car ils avaient le sentiment que quelqu'un les défiait, faisant allusion à la guerre et à la défaite, et leur demandant de se soumettre à ses conditions. Ils lui ont dit qu'ils ne pouvaient que lui donner des conseils, mais que c'était son droit de commander l'action. Elle a senti qu'ils voulaient répondre à la menace d'invasion de Sulaiman par une bataille. Mais elle leur a dit :

"La paix et l'amitié sont meilleures et plus sages ; la guerre n'apporte que des humiliations, asservit les gens et détruit les bonnes choses. J'ai décidé d'envoyer des cadeaux à Sulaiman, sélectionnés parmi notre trésor le plus précieux. Les courtisans qui livreront les cadeaux auront également l'occasion de se renseigner sur Sulaiman et sa puissance militaire".

C'était un signe de sa grande approche diplomatique pour gérer les situations avec intelligence et non avec l'arrogance de la force et du pouvoir.

L'équipe de reconnaissance de Sulaiman (A.S) lui a apporté la nouvelle de l'arrivée des messagers de Bilqis avec un cadeau. Il a immédiatement réalisé que la Reine avait envoyé ses hommes en mission de sondage. Il a donc donné l'ordre de rallier l'armée. Les envoyés de Bilqis, entrant au milieu de l'armée bien équipée, réalisèrent que leur richesse n'était rien comparée à celle du royaume du prophète Sulaiman (A.S). Les sols de ses palais étaient faits de bois de santal et incrustés d'or.

Ils ont remarqué que Sulaiman (A.S) surveillait son armée, et ils ont été surpris par le nombre et la variété des soldats, qui comprenaient aussi des lions, des tigres et des oiseaux. Les messagers sont restés stupéfaits, réalisant qu'ils se trouvaient devant une armée irrésistible.

Les émissaires s'émerveillaient de la splendeur qui les entourait. Ils ont présenté avec empressement les précieux cadeaux de leur Reine et ont dit à Sulaiman (A.S) que la Reine souhaitait qu'il les accepte comme un acte d'amitié.

Il leur a dit :

"Allah (S.W.T) m'a donné beaucoup de richesse, un grand royaume et la Prophétie. Je suis donc au-delà de la corruption. Mon seul but est de répandre la croyance en Tawheed, l'Unicité d'Allah".

Sulaiman (A.S) n'a même pas demandé à ouvrir les couvercles des conteneurs qui contenaient des cadeaux précieux ! Sa réaction les a choqués.

Il leur ordonna de reprendre les cadeaux à la Reine, et lui dit que si elle n'arrêtait pas d'adorer le Soleil, il déracinerait son royaume et chasserait son peuple de la terre.

Les émissaires de la Reine sont revenus avec les cadeaux et ont délivré le message. Ils lui ont également raconté les choses merveilleuses qu'ils avaient vues. Au lieu de s'offenser, elle a décidé de rendre visite au prophète Sulaiman (A.S). Accompagnée de ses fonctionnaires et serviteurs royaux, elle a quitté Saba, envoyant un messager pour informer Sulaiman (A.S) qu'elle était en route pour le rencontrer.

Sulaiman (A.S) a demandé aux djinns à son service si quelqu'un parmi eux pouvait apporter son trône dans son palais avant son arrivée.

L'un d'entre eux a dit : "Je vous l'apporterai avant la fin de cette séance".

Sulaiman (A.S) n'a pas réagi à cette offre ; il semble qu'il attendait un moyen plus rapide. Les djinns se faisaient concurrence pour lui faire plaisir.

L'un d'entre eux, nommé "Ifrit", a déclaré : "Je vais vous le chercher en un clin d'oeil !"

A peine celui-ci - qui avait la connaissance du Livre - avait-il fini sa phrase que le trône se dressait devant Sulaiman (A.S). La mission avait en effet été accomplie en un clin d'œil. Le siège du prophète Sulaiman (A.S) se trouvait en Palestine, et le trône de Bilqis se trouvait au Yémen, à deux mille kilomètres de là. Ce fut un grand miracle accompli par l'un de ces croyants assis avec Sulaiman (A.S). Après cela, Sulaiman (A.S) a demandé aux djinns d'apporter de légères modifications au trône pour vérifier si Bilqis serait capable de l'identifier.

Lorsque Bilqis est arrivée au palais de Sulaiman (A.S), elle a été accueillie avec faste et cérémonie. Puis, montrant le trône modifié, Sulaiman (A.S) lui a demandé si son trône ressemblait à celui-ci. Elle le regarda encore et encore. Dans son esprit, elle était convaincue que son trône ne pouvait pas être celui qu'elle regardait, car le sien était dans son palais. Elle détecta une ressemblance frappante et répondit : "C'est comme si c'était le sien et qu'il ressemblait en tout point au mien." Sulaiman (A.S) jugea qu'elle était intelligente et diplomatique.

Il l'a ensuite invitée dans la salle majestueuse, dont le sol était en verre et chatoyant. Certains récits rapportent que les passages de verre étaient traversés par des courants d'eau contenant des poissons et d'autres créatures sous-marines (tout comme un aquarium). Comme elle pensait que c'était de l'eau, elle a soulevé sa robe légèrement au-dessus de ses talons pour qu'ils ne soient pas mouillés. Sulaiman (A.S) lui a assuré que le sol était fait de verre. Certains récits disent qu'il l'a dit pour que Bilqis ne découvre pas ses jambes devant Sulaiman (A.S), protégeant ainsi sa modestie.

Cela l'a étonnée. Elle n'avait jamais vu de telles choses auparavant. Bilqis se rendit compte qu'elle était en compagnie d'une personne très bien informée qui était non seulement un souverain d'un grand royaume mais aussi un messager d'Allah (S.W.T). Elle se repentit, abandonna le culte du soleil, accepta la foi d'Allah et demanda à son peuple de faire de même. Bilqis a vu la foi de son peuple s'effondrer devant Sulaiman (A.S). Elle réalisa que le soleil que son peuple adorait n'était rien d'autre qu'une création d'Allah.

LA MORT DU PROPHÈTE SULAIMAN (A.S)

Les travaux publics de Sulaiman (A.S) ont été en grande partie réalisés par les djinns. Il commandait aux djinns de construire des structures visibles par le public comme des arcs, des images, des bassins et d'énormes marmites. C'était aussi une punition pour leurs péchés qui consistaient à faire croire aux gens qu'ils étaient tout-puissants, qu'ils connaissaient l'invisible et qu'ils pouvaient prévoir l'avenir. En tant que Prophète, il était du devoir de Sulaiman (A.S) de retirer ces fausses croyances de ses disciples, afin qu'ils n'adorent aucune des créations d'Allah.

Le prophète Sulaiman (A.S) vivait dans la gloire, et toutes les créatures lui étaient soumises. Puis Allah, le Tout Puissant, lui ordonna de mourir. Sa vie et sa mort étaient pleines de merveilles et de miracles ; ainsi, sa mort s'harmonisa avec sa vie et sa gloire. Sa mort, tout comme sa vie, était unique.

Une fois, il était assis, tenant son bâton, et surveillait les djinns à l'œuvre dans une mine. Son âme lui a été enlevée alors qu'il était assis dans cette position. Pendant longtemps, personne n'a été conscient de sa mort, car on l'a vu assis droit. Les djinns ont continué à faire leur travail pendant longtemps, pensant que Sulaiman (A.S) veillait sur eux, assis bien droit sur son bâton. Cela indique que l'avenir et l'invisible ne sont connus d'aucun djinn ou humain, sauf d'Allah seul et de quiconque Allah souhaite accorder la connaissance.

Plusieurs jours plus tard, une fourmi affamée a commencé à grignoter le personnel de Sulaiman (A.S). Elle a continué à le faire, mangeant la partie inférieure du bâton, jusqu'à ce qu'il tombe de la main du Prophète, et alors que Sulaiman (A.S) s'appuyait sur le bâton, son grand corps est descendu sur le sol. Les gens se sont précipités vers lui, réalisant qu'il était mort il y a longtemps et que les djinns ne percevaient pas l'invisible, car si les djinns avaient connu l'invisible, ils n'auraient pas continué à travailler, pensant que Sulaiman (A.S) était vivant.

PROPHÈTE ISA

(ALAIHI SALAM)

Le guérisseur et le ressusciteur

L'importance du prophète Isa (A.S) est évidente au vu du statut qui lui a été attribué. Il a été le dernier messager et prophète avant le prophète Muhammad (P.B.U.H). Il a également été le dernier messager de Bani-Israël. Allah avait accordé une faveur particulière à la famille du prophète Isa (A.S) en mentionnant son nom 25 fois. Le nom de sa mère est également mentionné 31 fois.

PIOUS MARYAM (A.S) ET LA NAISSANCE DU PROPHÈTE ISA (A.S)

Maryam (A.S) était la fille du Prophète Imran (A.S). Le prophète Zakaria (A.S) a pris soin de cette petite fille et lui a construit une chambre séparée dans le temple. En grandissant, Maryam (A.S) passait son temps à se consacrer à Allah (S.W.T). Le prophète Zakaria (A.S) lui rendait visite quotidiennement pour voir ses besoins, et cela a continué pendant de nombreuses années. Il lui a enseigné et l'a guidée. Maryam (A.S) est devenue une adepte d'Allah, le glorifiant jour et nuit.

Un jour, Maryam (A.S) priait dans sa chambre comme d'habitude. C'est alors qu'un Ange lui est apparu sous la forme d'un homme.

Maryam (A.S) était terrifiée, pensant que cet homme était là pour lui faire du mal. Elle a crié : "Je cherche refuge auprès d'Allah pour vous si vous craignez Allah."

L'ange dit alors : "Je ne suis pour toi qu'un messager de ton seigneur. J'ai été envoyé pour te donner un enfant pieux qui est pur des péchés."

Elle s'était calmée. Elle a demandé à l'ange : "Comment puis-je avoir un fils alors qu'aucun homme ne m'a touchée ?"

"C'est très facile pour Allah. Allah fera de lui un signe pour les gens et une indication de la puissance d'Allah." La visite de l'Ange l'a rendue très tendue, qui augmente au fil des jours.

Après quelques mois, elle ne pouvait plus supporter la tension mentale. Accablée par un ventre lourd, elle a quitté la ville sans savoir où aller. Maryam (A.S) n'est pas allée loin quand elle est soudainement dépassée par les douleurs de l'accouchement. Elle s'est assise contre le palmier sec et c'est là qu'elle a donné naissance à un fils.

Lorsque Maryam (A.S) a regardé son nouveau-né, elle a été blessée.

"Comment a-t-elle pu le mettre au monde sans père !" s'exclama-t-elle. "J'aurais aimé mourir avant que cela n'arrive et disparaître."

Soudain, elle entendit la voix d'un ange : "Ne t'afflige pas", la voix dit : "Allah (S.W.T) a placé une petite rivière sous toi. Et secoue le tronc de cet arbre d'où tomberont des dattes mûres. Mangez et buvez, et reprenez les forces que vous avez perdues. Ce que vous voyez est la puissance d'Allah (S.W.T)."

Maryam (A.S) a bu l'eau de la rivière et a mangé les dattes mûres. Pendant un certain temps, le miracle d'Allah l'a réconfortée. Après un certain temps, elle s'est levée et a décidé de retourner à la ville. Cependant, ses craintes sont également revenues.

"Qu'allait-elle dire aux gens ? " pensa-t-elle.

C'est alors qu'un autre miracle s'est produit. Son bébé né il y a quelques heures à peine a commencé à parler.

Le bébé a dit : "Si vous rencontrez quelqu'un, dites-lui simplement que vous avez fait le vœu de jeûner pour Allah aujourd'hui et que vous ne parlerez à personne". Grâce à ce miracle, Maryam (A.S) se sentit à l'aise et se dirigea vers la ville.

UN MIRACLE D'UN ENFANT

Comme elle s'y attendait, son arrivée en ville avec un nouveau-né dans les bras, a suscité la curiosité des habitants.

"C'est un terrible péché que vous avez commis ! "Ils l'ont grondée, mais elle a gardé son calme. Elle a mis ses doigts sur ses lèvres en montrant qu'elle ne pouvait pas parler et a désigné son enfant.

Les gens étaient en colère. "Comment pouvons-nous parler à un nouveau-né ! "

Mais cela a surpris les gens quand l'enfant a commencé à parler. L'enfant a parlé lentement et clairement.

"Je suis le serviteur d'Allah. Allah (S.W.T) m'a donné le livre et a fait de moi un prophète. Allah m'a rendu obéissant envers elle, qui m'a donné naissance. Paix à moi le jour où je suis né, le jour où je meurs, et le jour où je serai ressuscité vivant." Les gens se tenaient là, émerveillés, regardant l'enfant parler.

Ils ont réalisé que l'enfant était unique et que c'était la volonté d'Allah. Bien sûr, certains ont considéré le discours du bébé comme un étrange tour de passe-passe.

Mais au moins Maryam (A.S) pouvait maintenant rester dans la ville sans être harcelée.

On dit que Yusuf, le charpentier, a été très surpris lorsqu'il a entendu parler de cet incident. "Un arbre peut-il pousser sans graine ?" lui demanda-t-il.

"Oui", répondit-elle. "Celui qu'Allah (S.W.T) a créé pour la première fois, a grandi sans graine."

Il lui a ensuite demandé à nouveau : "Est-il possible de porter un enfant sans partenaire masculin ?" "Oui", répondit Maryam (A.S). "Allah (S.W.T) a créé Adam (A.S) sans mâle ni femelle."

LA JEUNESSE DU PROPHÈTE ISA (A.S)

Au fur et à mesure que le prophète Isa (A.S) grandissait, ses compétences en matière de prophétie ont commencé à s'accroître également. Il pouvait dire à ses amis ce qu'ils allaient manger pour le souper, ce qu'ils avaient caché et où.

A l'âge de 12 ans, il accompagne sa mère à Jérusalem. Lorsqu'ils sont arrivés au temple, il s'y est rendu en laissant sa mère. Le jeune prophète a erré dans une salle où les gens écoutaient les conférences des prêtres. Même si l'auditoire était plein d'adultes, le prophète n'avait pas peur de s'asseoir avec eux.

Après les avoir écoutés pendant un certain temps, il s'est levé et a commencé à poser des questions. Les questions qu'il posait, dérangeaient les prêtres savants car ils ne pouvaient pas y répondre.

Les prêtres ont essayé de le faire taire, mais le prophète les a ignorés. Il a continué à poser des questions et à exprimer son opinion. Le prophète Isa (A.S) s'est tellement impliqué dans cet échange qu'il a complètement oublié sa mère.

Pendant ce temps, Maryam (A.S) est rentrée chez elle en pensant que son fils était peut-être retourné chez ses parents ou amis. Mais dès qu'elle est arrivée à la maison, elle a réalisé que son fils n'était pas là. Elle a donc couru en ville pour le retrouver. Elle a cherché pendant de nombreuses heures et a finalement trouvé son fils assis parmi les savants et discutant avec eux.

Maryam (A.S) s'est mise très en colère contre lui car elle était très inquiète. Mais le jeune prophète l'a calmée en lui disant qu'il avait perdu la notion du temps pendant qu'il débattait avec les prêtres.

Le prophète Isa (A.S) a étudié sérieusement la Torah. Il était un adorateur pieux d'Allah (S.W.T) et suivait strictement les règles de la Torah. Le jour du sabbat, le prophète Isa (A.S) se rendait au temple, car le prophète Moussa (A.S) avait ordonné de consacrer le samedi au culte d'Allah. Cependant, la sagesse derrière le sabbat avait depuis longtemps disparu. Les prêtres ont maintenant rendu illégales cent choses comme ils le souhaitaient. Imaginez cela, il était considéré comme illégal, si un médecin était appelé pour sauver un patient mourant. C'était un péché de manger, de boire ou même de tresser les cheveux.

Mais le prophète ne se souciait pas de leurs lois. Il cueillait les fruits pour nourrir un enfant affamé. Quand le prêtre a vu cela, ils ont froncé les sourcils de colère. Il a fait un feu pour que la vieille femme se réchauffe pour ne pas geler et cela a été considéré comme une violation de la loi du sabbat. Lorsque le prophète est finalement arrivé au temple, il a été surpris de trouver plus de 20 000 prêtres à l'intérieur du temple. Tous gagnaient leur vie rien qu'avec le temple.

Le prophète Isa (A.S) était surpris qu'il y ait plus de prêtres que de visiteurs. Pourtant, le temple était rempli de moutons et de colombes qui étaient vendus au peuple pour être offerts en sacrifice. Chaque pas à l'intérieur du temple coûtait de l'argent aux visiteurs. Le prophète était triste de constater que les prêtres ne vénéraient rien d'autre que l'argent. Les prêtres agissaient comme s'il s'agissait d'un marché.

Le prophète a vu les pauvres gens qui ne pouvaient pas se permettre le prix d'une colombe ou d'un mouton, étaient chassés comme des mouches. Le prophète était triste et se demandait pourquoi les prêtres brûlaient un si grand nombre d'offrandes à l'intérieur du temple alors que des milliers de pauvres gens avaient faim à l'extérieur.

LE DÉBUT DES RÉVÉLATIONS & L'OPPOSITION DES PRÊTRES

C'est cette nuit-là que les deux nobles prophètes, le prophète Yahya (A.S) et le prophète Zakaria (A.S), ont été tués par l'Autorité dirigeante. Cette nuit-là, la révélation est tombée sur le prophète Isa (A.S). Allah (S.W.T) a ordonné au prophète de commencer son appel au peuple d'Israël. La vie simple que le prophète avait menée jusqu'à présent était terminée. La page de l'adoration et de la lutte a été ouverte dans la vie d'Isa (A.S).

Comme une force opposée, Isa (A.S) a dénoncé les pratiques actuelles et a renforcé la loi du Prophète Moussa (A.S). Le prophète a demandé à son peuple de mener une vie simple, par des paroles et des actes nobles. Le prophète a essayé de faire comprendre aux prêtres que les dix commandements ont plus de valeur qu'ils ne l'imaginaient. Par exemple, il leur a dit que le cinquième commandement n'interdit pas seulement de tuer physiquement, mais aussi de tuer sous toutes ses formes, qu'elles soient physiques, psychologiques ou spirituelles. Ses enseignements ont ennuyé les prêtres. Pour chaque mot du Prophète, était une menace pour leur position. Leurs méfaits étaient exposés.

Les prêtres ont commencé à comploter contre le prophète. Un jour, ils ont arrêté une femme accusée d'adultère. Ils ont alors appelé Isa (A.S) pour lui demander son avis. Ils avaient en fait l'intention d'embarrasser le prophète devant le peuple. Selon la loi mosaïque, une personne impliquée dans un adultère devait être lapidée à mort. Les prêtres savaient que le prophète s'opposerait à la mise à mort de cette femme et qu'ainsi, le prophète finirait par s'exprimer contre la loi mosaïque.

Ils ont amené la femme adultère devant Isa (A.S) et lui ont demandé : "La loi ne prévoit-elle pas la lapidation de la femme adultère ?

"Oui", répondit le Prophète. Il a alors regardé les prêtres et les gens qui se tenaient autour. Il savait qu'ils étaient plus pécheurs que cette femme qui essayait de gagner un pain. Il se rendit compte que s'il parlait contre eux, alors il serait tenu pour responsable du mépris de la loi mosaïque. Il comprenait maintenant leur plan. Le prophète sourit alors et parla fort au peuple qui se tenait autour de lui : "Quiconque parmi vous est sans péché peut la lapider. "

Les prêtres ont été surpris d'entendre cela. Les gens qui se tenaient autour hésitaient. Personne n'osait la lapider, car ils étaient tous pécheurs.

Personne n'était éligible, car aucun mortel ne peut juger du péché. Seul Allah (S.W.T), le plus miséricordieux peut juger. Ce jour-là, le prophète avait fait une nouvelle loi sur l'adultère. Lorsque le prophète a quitté le temple, la femme l'a suivi. Le prophète s'est rendu compte qu'il était suivi. Alors, il s'est arrêté et lui a demandé pourquoi elle le suivait. La femme a gardé le silence et a sorti un flacon de parfum de son vêtement. Elle s'est agenouillée devant le prophète et lui a lavé les pieds avec le parfum et ses propres larmes. Elle lui a ensuite séché les pieds avec ses cheveux.

Son action a touché Isa (A.S), et il lui a demandé de se lever. Le prophète a alors levé les yeux et a prié : "O Seigneur ! pardonne-lui ses péchés."

Le prophète Isa (A.S) a continué à prier Allah (S.W.T) pour qu'il fasse preuve de miséricorde envers son peuple. Il a enseigné à son peuple à faire preuve de miséricorde les uns envers les autres et à croire en Allah.

Un jour, il a dit à ses disciples : "Je dors tant que je n'ai rien et je me lève tant que je n'ai rien, et pourtant il n'y a personne sur terre qui soit plus riche que moi."

NOMBREUX MIRACLES DU PROPHÈTE ISA (A.S)

Comme tous les autres prophètes, le prophète Isa (A.S) a lui aussi accompli de nombreux miracles. Allah (S.W.T) a envoyé tous les prophètes avec des miracles comme preuve de leur prophétie. De cette façon, les gens pouvaient témoigner, les connaître et croire en leur prophétie. De nombreux miracles du prophète Isa (A.S) ont été accomplis en guérissant des maladies. À cette époque, les gens étaient très bien informés dans le domaine de la médecine. Et lorsque le prophète a guéri les malades déclarés incurables, il a envoyé un message sonore.

Le prophète Isa (A.S) marchait autrefois à côté d'un homme qui était aveugle, lépreux et paralysé. Le Prophète l'entendit dire : "Louange à Allah qui m'a protégé des épreuves qu'il inflige à la plupart des hommes."

Le Prophète s'est arrêté de marcher et lui a demandé : "Dis-moi quel procès te reste-t-il à subir ? Tu es aveugle, lépreux et paralysé."

Mais le mendiant lui répondit : "Il m'a protégé d'une épreuve qui est la plus grande de toutes les épreuves et qui est l'incrédulité".

Le prophète était heureux avec ce pauvre vieux. Il s'avança et posa sa main sur les épaules du pauvre homme. C'était un miracle. Dès que le prophète a touché l'homme, ses maladies ont guéri, et il a pu se lever. Allah (S.W.T) l'a même transformé, que son visage brillait maintenant de beauté. Le vieil homme demanda au Prophète la permission de l'accompagner et il accepta.

Le vieil homme est devenu un compagnon du prophète Isa (A.S) et a commencé à adorer avec lui.

Une fois, il a posé sa main sur le visage d'un homme qui était né aveugle. Il a été guéri et a pu voir pour la première fois de sa vie.

Un jour, alors que le Prophète marchait vers la ville. Il a vu une procession se dérouler. Le Prophète s'est approché et leur a demandé ce qui se passait.

"Cet homme est mort et nous l'emmenons au cimetière", a répondu l'un d'entre eux.

Le Prophète leur a demandé de s'arrêter et a prié Allah. C'était un miracle. Le mort s'est levé, et il était vivant. Allah a ramené cette personne à la vie.

Le prophète Isa (A.S) avait suivi la Torah jusqu'à ce qu'il reçoive la Révélation de Dieu. Dieu lui a donné un nouveau livre, "L'Injil (Bible)". Le Prophète a ensuite lu ce livre qui lui a été offert. Lorsque le Prophète a annoncé qu'il avait reçu un nouveau livre de Dieu, les gens qui suivent encore la Torah n'ont pas apprécié.

LA PROPAGATION DE LA NOURRITURE DU CIEL

Un jour, le prophète Isa (A.S) a demandé à ses partisans de jeûner pendant 30 jours. Ses partisans ont accepté, et ils ont commencé à jeûner. Une fois la période de jeûne de trente jours terminée, les partisans ont accompagné le prophète Isa (A.S) dans le désert. Il était normal que des milliers de personnes suivent le Prophète partout où il allait. Beaucoup de ceux qui suivaient le prophète étaient des malades, qui espéraient être guéris par lui. Un groupe de personnes qui étaient contre les enseignements du Prophète, le suivait également partout où il allait. Ils le suivaient afin de pouvoir se moquer du Prophète et le rabaisser à chaque occasion qui se présentait.

Après la période de jeûne de trente jours, les infidèles ont demandé au prophète, s'ils pouvaient avoir une diffusion de nourriture du ciel. Ils ont demandé cela pour réfuter le fait que Dieu avait accepté leur jeûne. Il y avait des milliers de personnes présentes et les mécréants savaient que le prophète ne pourrait jamais leur donner ce qu'ils avaient demandé. Ils voulaient manger quelque chose de spécial le jour où ils rompaient leur jeûne. Ils voulaient aussi que la pâte à tartiner soit suffisante pour tous.

Le prophète Isa (A.S) a accédé à leur demande et s'est rendu dans un endroit silencieux, et a prié Allah (S.W.T). Allah a accepté les prières du Prophète et un miracle s'est produit. Une énorme quantité de nourriture est descendue du ciel. Il y avait un nuage en dessous et un autre au-dessus, et il était entouré par les anges. Lentement, il est descendu au sol, et en descendant, le Prophète est resté immergé dans ses prières.

La propagation de la nourriture a atterri près du Prophète. Un tissu blanc couvrait la diffusion. Le

Prophète l'enleva en disant : "Au nom d'Allah, le meilleur des soutiens !"

Lorsque le tissu recouvrant la diffusion a été enlevé, les gens se sont rassemblés autour et ont regardé avec émerveillement. Il y avait sept gros poissons, sept pains, du vinaigre, du sel, du miel et bien d'autres fruits encore. La pâte à tartiner avait une odeur merveilleuse, car les gens n'avaient jamais rien senti d'aussi merveilleux auparavant. Le prophète a alors demandé aux infidèles de manger de la pâte à tartiner.

"Nous n'en mangerons pas tant que nous ne vous aurons pas vu manger de la pâte à tartiner", ont-ils répondu.

"Vous êtes ceux qui l'ont demandé", a dit le prophète. "Alors vous devriez manger la nourriture en premier. "

Mais les infidèles refusent toujours. Le prophète a alors demandé aux pauvres, aux malades, aux handicapés et aux aveugles de manger de la pâte à tartiner. Ils étaient plus de 1000 et tous ont mangé de la pâte à tartiner. Tous les malades qui ont mangé de la pâte à tartiner ont été guéris. Il en a été de même pour les handicapés, les aveugles et tous les autres. C'était un miracle. Les infidèles étaient maintenant tristes parce qu'ils avaient refusé de manger de la pâte à tartiner lorsqu'ils avaient été invités en premier.

La nouvelle de la fête se répandit rapidement et atteignit la ville. Des milliers de personnes ont voyagé pour assister à cette fête divine. Le nombre de personnes qui voulaient participer à la fête était devenu si important. Le Prophète leur demande alors de se relayer pour faire cette fête. Les jours passaient, car chaque personne, de la première à la dernière, mangeait jusqu'à ce qu'elle soit rassasiée. On dit que près de 7000 personnes mangeaient chaque jour à l'occasion de cette fête.

Au bout de quarante jours, Allah a demandé au Prophète de ne permettre aux pauvres de manger que pendant le festin, et non aux riches. Le Prophète a averti les gens d'être honnêtes et de demander aux riches de ne pas participer à la fête. Il a également demandé aux pauvres de ne pas enlever la nourriture pour la garder pour le jour suivant.

Cependant, les gens n'ont pas écouté. Les riches ont mangé de la pâte à tartiner en se faisant passer pour des pauvres et de nombreux pauvres ont emporté la nourriture avec eux, désobéissant aux ordres du prophète. En conséquence, la propagation de la nourriture a été ramenée dans le ciel d'où elle venait. Les gens ont parlé de ce miracle pendant de nombreuses années, et cela les a convaincus des miracles d'Allah.

LA MONTÉE DU PROPHÈTE ISA (A.S) VERS LES CIEUX

By Lorsque le prophète Isa (A.S) a eu trente ans, les prêtres sont devenus furieux contre lui et ont fait des plans pour le tuer. Une nuit, le prophète était assis avec ses douze compagnons dans sa maison.

Il a dit : "L'un d'entre vous va me trahir."

C'était vrai, et ce n'était nul autre que Judas. Ce jour-là, Judas était allé rencontrer les grands prêtres. "Que me donneras-tu si je te livre Isa ? "demanda Judas au prêtre.

"Nous vous donnerons trente pièces de shekels. " répondit le prêtre en chef.

Judas avait honte de lui-même. Il a quitté la pièce. Le prophète Isa (A.S) a alors demandé à n'importe lequel de ses compagnons était prêt à prendre sa place, alors que les soldats venaient l'arrêter.

"Qui parmi vous sera prêt à prendre ma place ? " demanda le Prophète. "Tu seras mon compagnon au paradis."

Un jeune homme s'est levé et a accepté sans hésiter. Lorsque les soldats sont arrivés pour arrêter le prophète, ils ont pris le jeune homme à sa place et l'ont crucifié.

Avant qu'ils ne crucifient le jeune homme, le prophète Isa (A.S) a été soulevé d'une fenêtre dans le coin de la maison. Il est maintenant vivant dans le second ciel. Il descendra avant le Jour du Jugement.

Nous, (en tant que musulmans), croyons que le prophète Isa (A.S) reviendra sur terre en tant qu'être humain. Il reviendra tel qu'il a été enlevé de la terre et ira chercher l'anti-Christ (Dajjal) pour le tuer. Il régnera alors avec justice et équité, conformément aux enseignements de l'Islam.

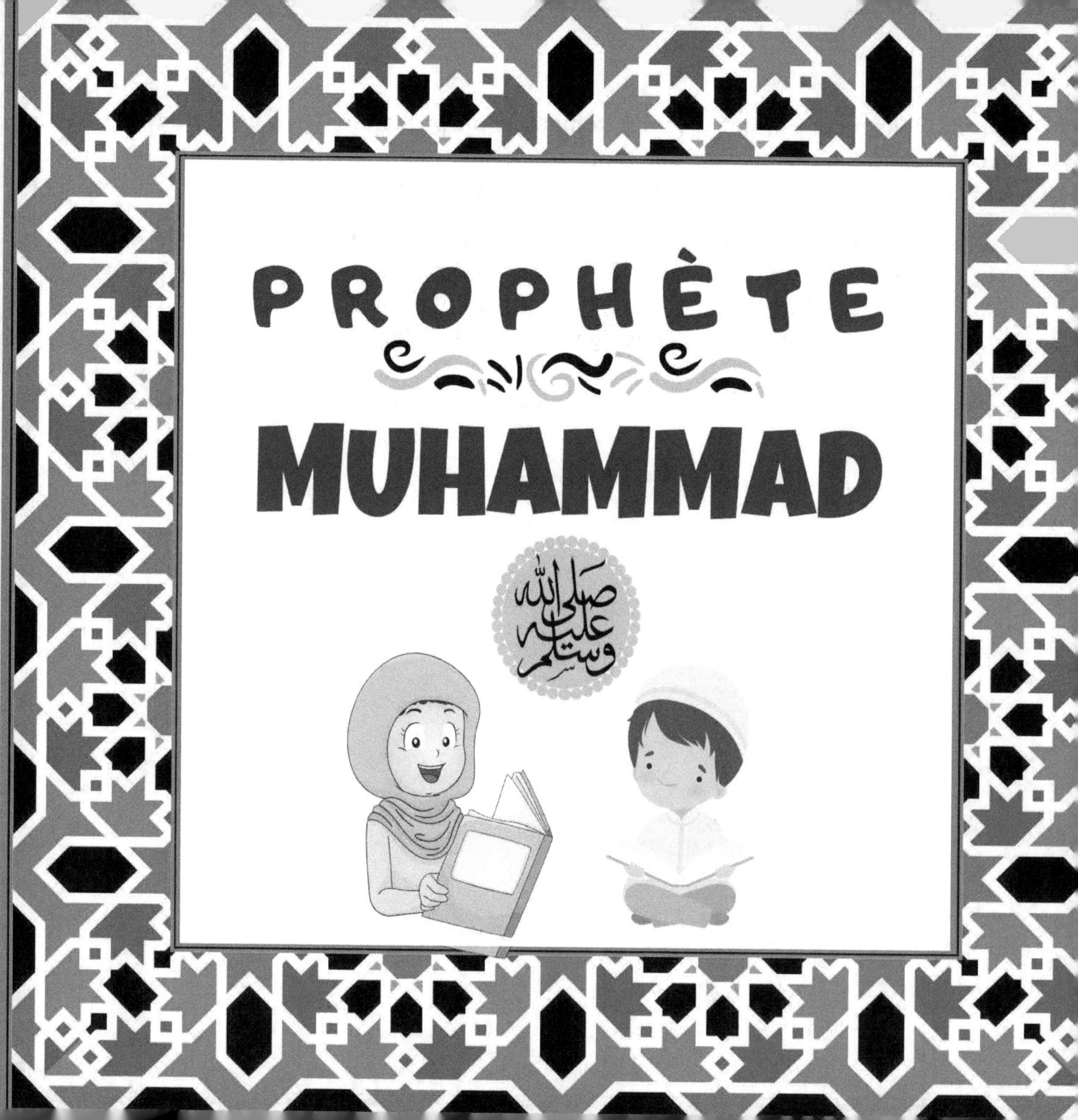

PROPHÈTE MUHAMMAD

(ALAIHI SALAM)

Le dernier messager et un révolutionnaire pour l'humanité

LA JEUNESSE DU PROPHÈTE

Le prophète Muhammad (P.B.U.H) est né à La Mecque, en Arabie, le 12, Rabi-ul-Awwal. Sa mère, Amina (R.A), était la fille de Wahab Ibn Abu Manaf de la famille Zahrah. Son père, Abdullah (R.A), était le fils de Abdul Muttalib (R.A). Ses ancêtres peuvent être retracés jusqu'à la maison noble du prophète Ismail (A.S), le fils du prophète Ibrahim (A.S).

Le père du prophète est mort avant sa naissance. Sa mère s'est occupée de lui jusqu'à l'âge de six ans. Lorsqu'il a eu six ans, sa mère est également décédée. Son grand-père Abdul Mutallib (R.A) s'est occupé avec tendresse de l'enfant orphelin. Mais le vieux chef est décédé dans les deux années qui ont suivi et avant sa mort, il a confié le petit à son oncle Abu Talib.

Le prophète Muhammad (P.B.U.H) a grandi dans l'obéissance. À douze ans, il a accompagné son oncle Abou Talib dans son voyage à Bassorah. Ils ont voyagé pendant de nombreux mois dans le désert. Lorsqu'il a présenté le prophète Muhammad (P.B.U.H) à un moine, il a été très impressionné. Il a alors dit à Abou Talib : "Reviens avec ce garçon et garde-le contre la haine des Juifs. Une grande carrière attend votre neveu".

Abou Talib n'a pas bien compris ce que le moine avait voulu dire. Son neveu n'était qu'un enfant normal. Il a remercié et est retourné à Makkah. Après ce voyage, il ne s'est rien passé de spécial dans la vie de ce jeune prophète pendant longtemps, mais toutes les autorités s'accordent à dire qu'il avait une grande sagesse, des manières et une morale, ce qui était rare chez les habitants de La Mecque. Tout le monde l'appréciait pour son bon caractère et sa sagesse. Il a reçu le titre d'"Ameen", qui signifie "fidèle", et de "Sadiq", qui signifie "vrai".

Comme tous les autres enfants, il devait faire les tâches ménagères dans sa famille. Son oncle avait perdu la plupart de ses richesses et le prophète l'aida en s'occupant de ses troupeaux. Le prophète Muhammad (P.B.U.H) menait surtout une vie solitaire. Il était triste quand il a vu les explosions soudaines de querelles sanglantes entre les habitants de La Mecque. Les gens ne se souciaient pas de la loi. Son cœur était affligé lorsqu'il voyait la misère des autres, et de telles scènes étaient quotidiennes à La Mecque à cette époque.

DEMANDE EN MARIAGE PAR KHADIJA (R.A)

Quand le prophète a eu vingt-cinq ans, il a voyagé une fois de plus en Syrie, et c'est là qu'il a rencontré l'amour de sa vie, Khadija (R.A).

Khadija (R.A) était l'une des femmes les plus belles et les plus nobles qui soient. Elle était issue d'une famille très riche, mais elle était veuve. Bien que veuve, de nombreux hommes riches et importants de la société lui ont demandé sa main, mais elle les a tous rejetés car elle avait perdu le désir de se remarier. Ce n'est que lorsque le prophète Muhammad (P.B.U.H) est entré dans sa vie. À cette époque, Khadija (R.A) cherchait quelqu'un d'honnête qui pourrait faire des affaires pour elle. C'est à ce moment qu'elle a été présentée au prophète. Elle a appris que même s'il était orphelin et pauvre, il était issu d'une famille noble. Cet homme était d'une moralité irréprochable et était largement connu comme l'homme le plus honnête qui soit.

Le prophète Muhammad (P.B.U.H) a rapidement commencé à travailler pour elle et a entrepris son premier voyage d'affaires avec son serviteur. À leur retour, elle a interrogé le serviteur sur la conduite du prophète. Le serviteur l'a étonnée par son rapport.

"Ce jeune homme est le plus gentil que j'ai jamais vu. "Il ne m'a jamais traité aussi durement que beaucoup d'autres et lorsque nous voyagions dans le désert sous le soleil brûlant, il y avait toujours un nuage qui nous suivait et nous donnait de l'ombre. Non seulement cela, mais ce nouvel employé s'est également révélé être un homme d'affaires talentueux. D'abord, il a vendu la marchandise qu'elle lui a donnée. Puis, avec le bénéfice, il a acheté d'autres marchandises et les a revendues. Ainsi, il a fait un double profit. Khadija est tombée profondément amoureuse du prophète, même s'il avait 15 ans de moins. Elle a décidé de l'épouser.

Le lendemain, elle a envoyé sa sœur à ce jeune homme. "Pourquoi n'êtes-vous pas encore mariée ?" lui demanda-t-elle. "Par manque de moyens." répondit-il.

"Et si je vous offrais une femme de noblesse et de beauté ? Seriez-vous intéressée ?" a-t-elle demandé. "Qui est-ce ?" a-t-il répondu.

Lorsqu'elle a mentionné sa sœur, le jeune homme a gloussé de stupéfaction.

"Comment pourrais-je l'épouser ? Elle a refusé les hommes les plus nobles de la ville. Ils étaient bien plus riches et plus importants que ce pauvre berger."

Mais la sœur a répondu : "Ne vous inquiétez pas, je vais m'en occuper".

Peu de temps après, le prophète Muhammad (P.B.U.H) épousa Khadija (R.A), ce fut le début de l'un des mariages les plus aimants, les plus heureux et les plus sacrés de toute l'histoire de l'humanité. Ce mariage lui a donné le cœur aimant d'une femme qui l'a consolé et a maintenu en lui une flamme d'espoir vacillante alors qu'aucun homme ne croyait en lui. Le prophète a vécu une vie de riche pendant de nombreuses années. Par la suite, lorsque le prophète a atteint l'âge de 35 ans, il a réglé par son jugement une grave dispute qui menaçait de plonger l'Arabie dans une nouvelle série de guerres. C'était le moment de reconstruire la Ka'aba. Toutes les tribus qui s'y étaient réunies, voulaient avoir l'honneur d'élever la Pierre Noire, la plus sainte des

Reliques. Les chefs et les hommes de chaque tribu se sont battus entre eux pour revendiquer cet honneur. Puis un senior est intervenu et a dit au peuple,

"Vous écouterez le premier homme qui entrera par cette porte. "Les gens étaient d'accord et attendaient patiemment en regardant la porte. Le premier homme à entrer par la porte n'était autre que le prophète Muhammad (P.B.U.H).

Les différentes tribus lui demandèrent conseil, et une fois qu'elles eurent terminé, le Prophète ordonna : "Placez la pierre sur un linge. Chaque tribu aura l'honneur de soulever la pierre en tenant une partie du tissu". Le peuple a accepté cette idée avec joie. La pierre fut ainsi placée, et ils achevèrent la reconstruction de la maison sans autre interruption.

C'est à cette époque qu'un homme nommé Osman Ibn Huwairith est arrivé à La Mecque. Il a tenté de tenter les habitants de La Mecque en utilisant l'or byzantin, et a essayé de faire dépendre le territoire du gouvernement romain. Mais ses tentatives ont échoué car le prophète est intervenu et a averti le peuple de La Mecque.

Le Prophète aide toujours les pauvres et les nécessiteux aussi. On dit que lorsque son oncle Abou Talib est tombé dans les mauvais moments, le prophète a effacé toutes ses dettes en utilisant sa richesse personnelle. Le prophète a également pris en charge l'éducation du fils de son oncle, Ali (R.A), et l'a élevé. Un an plus tard, il a adopté "Akil", un autre fils de son oncle.

Le prophète Muhammad (P.B.U.H), depuis ses humbles débuts, était devenu riche et très respecté. Khadija (R.A) a donné naissance à trois fils et quatre filles. Mais aucun des enfants mâles n'a survécu. Ils sont tous morts dans l'enfance même.

Le Prophète aimait beaucoup Ali, et il a trouvé en lui une consolation. C'est à cette époque qu'un groupe de pillards arabes a capturé Zaid, un jeune garçon des bras de sa mère. Ces pilleurs ont ensuite vendu le garçon comme esclave sur le marché d'Ukaz'. Un parent de Khadija a acheté Zaid et l'a offert en cadeau

à sa mère. Khadija, à son tour, a donné le garçon au Prophète en cadeau. Le Prophète s'est beaucoup attaché à Zaid, auquel il a donné le nom de "Al-Habib", qui signifie "le Bien-aimé".

Zaid considérait le Prophète comme son mentor et suivait sa voie. Le garçon avait un esprit spirituel et la bonne morale du Prophète. Pendant ce temps, les parents de Zaid étaient toujours en deuil de leur fils. Ils priaient chaque jour pour que leur fils bien-aimé leur soit rendu.

Un jour, les parents de Zaid se sont rendus à La Mecque pour effectuer le pèlerinage. C'est là qu'ils ont repéré Zaid et avec un grand soulagement, ils se sont précipités vers lui. Lorsque son père a appris cette merveilleuse nouvelle, il a chargé ses sacs d'or et s'est approché du prophète Muhammad (P.B.U.H). Le père a pensé qu'il pouvait racheter son fils à son propriétaire. Le père Zaid s'est réuni et lui a demandé de libérer son fils.

Le Prophète lui a demandé : "Qui est cette personne dont vous demandez la libération ? " "Ton esclave, Zaid Ibn Haritha", répondit le père.

"Dois-je vous montrer un moyen de récupérer votre fils sans payer l'or. " Cela a surpris le Père. Il a demandé : "De quoi parlez-vous ainsi ? "

"Je l'appellerai ici devant vous. S'il souhaite vous accompagner, il est libre de le faire. Vous pouvez le prendre avec plaisir et je ne vous demanderai aucun paiement, mais..." Le Prophète a poursuivi : "S'il préfère rester avec moi, alors je ne le forcerai pas à partir avec vous. "

Le père de Zaid a accepté, et ils ont appelé le garçon. Le Prophète lui a alors expliqué les choix qui s'offraient à lui et lui a demandé de se décider.

"Je vais rester avec vous. " dit aussitôt le garçon. Son père a été choqué d'entendre cela.

Puis il lui a demandé : "Ne veux-tu pas rester avec tes parents ? ou préfères-tu rester comme esclave ? "

"Père..." dit le garçon, "je suis profondément touché par les qualités de cet homme. Et d'ailleurs, il me traite avec amour et affection. Je ne pourrai jamais le quitter et vivre ailleurs. " Le coeur du Prophète se gonfla quand il entendit cela. Il conduisit Zaid au centre de la ville et déclara à haute voix : "Voici mon fils. Et nous héritons l'un de l'autre. "

En conséquence, Zaid Ibn Haritha a été rebaptisé Zaid bin Muhammed, comme c'était la coutume à cette époque. Cette relation cordiale a duré jusqu'à son dernier souffle.

LA LIBÉRATION D'ALLAH (S.W.T)

Le prophète Muhammad (P.B.U.H) approchait de l'âge de 40 ans. Il était très triste en voyant la condition de son peuple. Son pays était déchiré par les guerres, et le peuple était dans la barbarie. Ils étaient accros aux superstitions et au culte des idoles. Les gens se battaient toujours entre eux. Le prophète avait l'habitude de se retirer dans une grotte du mont Hira, à quelques kilomètres de La Mecque. Il avait l'habitude de prier et de méditer à l'intérieur de cette grotte, la plupart du temps seul. Il y passait souvent les nuits en pensée profonde et en communion avec l'Allah omniscient de l'univers.

C'est au cours d'une de ces nuits où personne n'était près de lui, qu'un ange est apparu devant lui. La vue de l'ange stupéfia le Prophète. Il n'en croyait pas ses yeux. L'ange demanda alors au Prophète de lire. Mais comment le Prophète pouvait-il lire alors qu'il n'était jamais allé à l'école ?

"Je ne suis pas un lecteur", dit-il à l'ange.

Puis, soudain, l'ange s'est emparé de lui et l'a serré très fort. L'ange lui dit à nouveau : "Lis".

"Je ne suis pas un lecteur. " le Prophète s'écria à nouveau. L'ange a alors serré le Prophète si fort qu'il a cru qu'il allait s'évanouir.

L'ange a dit : "Lisez ! Au nom de ton seigneur et protecteur, qui a créé l'homme à partir d'un caillot de sang congelé. Lisez ! Et ton seigneur est le plus généreux, qui a enseigné l'écriture à la plume, a enseigné à l'homme ce qu'il ne savait pas."

Le Prophète répéta les mots avec un cœur tremblant. Perplexe devant son expérience, le prophète rentra chez lui. Dès qu'il est entré dans sa maison, il a dit à sa femme : "Enveloppe-moi ! Enveloppe-moi ! "

Il tremblait en disant cela, et elle l'a enveloppé dans une serviette jusqu'à ce que sa peur ait disparu. Il a expliqué à sa femme ce qui s'était passé. Quand il a eu fini, il lui a demandé si elle pensait qu'il était devenu fou.

"Allah forbid ! "répondit-elle. "Il ne laissera sûrement pas une telle chose se produire, car vous dites la vérité. Vous êtes fidèle à la confiance. Vous aidez vos semblables."

Puis elle est allée voir son cousin, Warqa bin Naufil, qui était vieux et aveugle, mais il connaissait assez bien les écritures. Il les avait traduites en arabe. Quand elle lui a raconté ce qui était arrivé à son mari, il s'est mis à crier,

"Holy ! Saint ! C'est l'esprit saint qui est venu à Moïse. Il sera le Prophète de son peuple. Dites-lui ceci et demandez-lui d'être courageux dans son coeur."

Le Prophète a continué à recevoir des révélations pour le reste de sa vie. Ses compagnons les mémorisaient et les écrivaient sur des peaux de mouton. Le Prophète savait que le peuple devait entendre le message de Dieu. Il a donc commencé à prêcher au peuple ce que Dieu lui avait dit. Pendant les premières années de sa mission, le prophète a prêché à sa famille et à ses amis proches. La première femme à se convertir fut son épouse Khadija (R.A), et le premier esclave fut son serviteur, Zaid (R.A). Son vieil ami Abu Bakr (R.A) a été le premier homme adulte libre à se convertir.

De nombreuses années plus tard, le prophète Muhammad (P.B.U.H) a dit ceci à son sujet. "Je n'ai jamais appelé à l'Islam quelqu'un qui n'était pas d'abord hésitant, sauf Abu Bakr (R.A). "

Pendant trois longues années, le prophète a travaillé tranquillement pour délivrer le message de Dieu. Le culte des idoles était profondément enraciné dans le peuple et le prophète a essayé de convaincre autant qu'il a pu. Après trois ans de lutte, il n'a réussi à s'assurer que 13 adeptes. Plus tard, le prophète a reçu l'ordre de prêcher ouvertement. Même ses compagnons avaient maintenant commencé à douter de sa santé mentale. Ses ennemis avaient alors commencé à comploter contre lui. Il prêchait que tout le monde était égal devant Dieu, ce qui remettait en question l'autorité des prêtres locaux.

Un jour, ils se sont réunis et ont décidé de réprimer le mouvement du Prophète. Ils décidèrent que chaque famille devait assumer la tâche d'éradiquer les adeptes de l'Islam. Chaque foyer a commencé à torturer ses propres membres, ses parents et les esclaves qui suivaient le Prophète. Les gens étaient battus, fouettés, puis jetés en prison. La colline du Ramada et le lieu appelé Bata, étaient devenus des scènes de torture cruelle. Seul le Prophète était laissé de côté car il bénéficiait de la protection d'Abu Talib (R.A) et d'Abu Bakr (R.A).

Puis le prêtre a essayé de tenter le Prophète de rejoindre leur religion. Pour cela, ils ont envoyé Utba Ibn Rabi'a rencontrer le Prophète.

"O fils de mon frère", dit le Messager. "Tu te distingues par tes qualités. Pourtant, tu as dénoncé nos dieux. Je suis ici pour te faire une proposition."

"Je t'écoute, ô fils de Waleed", dit le Prophète.

"Si vous êtes prêts à acquérir des richesses, des honneurs, de la dignité, alors nous vous offrirons une fortune plus grande que ce que nous avons entre nous. Nous ferons de vous notre chef, et nous consulterons tout avec vous. Si tu désires la domination, nous te ferons roi", dit Utba.

Quand il eut fini, le Prophète dit : "Maintenant, écoutez-moi." "J'écoute." répondit Utba.

Le prophète a récité les 13 premiers versets de la sourate Fussilat.

Il a loué Allah $^{(S.W.T)}$ et a expliqué la bonne nouvelle du paradis à tous ceux qui croyaient en l'unique vrai Dieu. Le prophète lui a ensuite rappelé ce qui était arrivé aux habitants de "Aad" et de "Thamud". Lorsque le prophète eut terminé sa récitation, il dit à Utba

"Voici ma réponse à votre proposition. Maintenant, suivez le cours qui vous convient le mieux. " Lorsque leur plan pour tenter le Prophète a échoué, ils ont approché son oncle Abou Talib. L'oncle du Prophète a essayé de persuader le Prophète de cesser de prêcher au peuple. Mais le prophète a dit,

"Oncle, s'ils mettaient le soleil dans ma main droite et la lune dans ma main gauche pour m'empêcher de prêcher l'islam, je n'arrêterais jamais".

Le Prophète, accablé par la pensée que son oncle était prêt à l'abandonner, se tourna vers le départ de sa maison. Mais Abou Talib appela le Prophète à haute voix. Il lui demanda de revenir. Lorsque le Prophète revint, Abou Talib lui dit : "Dis ce que tu veux. Par le Seigneur ! Je ne t'abandonnerai pas à jamais."

Les prêtres de différentes tribus ont commencé à poursuivre publiquement les partisans du Prophète. C'est à cette époque qu'un roi chrétien nommé "Al-Najashi" régnait sur l'Abyssinie. Le Prophète avait entendu parler de la justice, de la tolérance et de l'hospitalité de ce gentil souverain. Lorsque la persécution devint insupportable pour le peuple, le Prophète lui conseilla d'émigrer en Abyssinie. Une quinzaine de familles ont émigré dans ce pays en petits groupes pour éviter d'être repérées.

C'est ce qu'on appelle la première Hijra de l'histoire de l'Islam. Cela s'est produit au cours de la cinquième année de la mission du Prophète. Les émigrants ont reçu un accueil chaleureux de la part du roi et de son peuple. Beaucoup d'autres qui ont souffert aux mains des mauvais prêtres de La Mecque les ont bientôt suivis. Le nombre de personnes qui émigrèrent, atteignit bientôt une centaine.

Quand les prêtres ont entendu parler de cela, ils étaient furieux. Ils ont décidé de ne pas laisser les émigrants en paix. Ils ont immédiatement envoyé deux envoyés au roi, pour les ramener tous. Lorsque les envoyés rencontrèrent le roi, celui-ci convoqua les pauvres fugitifs et leur demanda ce qu'ils avaient à dire.

Ja'far, le fils d'Abou Talib et frère d'Ali, a ensuite parlé au nom des exilés,

"Ô Roi, nous avons été plongés dans la profondeur de la barbarie. Nous adorions les idoles, nous ignorions tout, et nous n'avions pas de loi. Alors

Allah a élevé un homme parmi nous, qui est pur et honnête. Il nous a appris à adorer Allah (S.W.T) et nous a interdit d'adorer les idoles. Il nous a appris à dire la vérité et à être fidèles. Nous croyons en lui et nous avons accepté ses enseignements. Ses disciples ont été persécutés, nous forçant à adorer les idoles à nouveau. Quand nous n'avons trouvé aucune sécurité parmi eux, nous sommes venus dans ton royaume, en te faisant confiance pour nous sauver d'eux."

Lorsque le roi entendit son discours, il demanda à l'envoyé de retourner sur leur terre et de ne pas se mêler des affaires des émigrants.

Tandis que ses disciples se réfugiaient dans des pays étrangers, le prophète continuait à prêcher contre une opposition stricte. Certains d'entre eux se moquaient de lui et demandaient un signe. Alors le Prophète disait : "Allah (S.W.T) ne m'a pas envoyé faire des merveilles. Il m'a envoyé pour vous prêcher."

Mais le prêtre persistant n'était pas d'accord avec lui. Ils ont insisté sur le fait qu'à moins de voir un signe, ils ne croiraient pas en son Seigneur. Les infidèles demandaient : "Pourquoi ne fait-il pas de miracles comme les prophètes précédents ?"

"Parce que les miracles s'étaient révélés insuffisants pour convaincre." répondit le Prophète. "Nuh (A.S) a été envoyé avec des signes, alors que s'est-il passé ? Où était la tribu perdue de Thamoud ? Ils ont refusé de croire au prophète Saleh (A.S), à moins qu'ils ne montrent un signe. Alors le prophète a fait briser les rochers et a fait naître un chameau vivant. Il a fait ce qu'ils ont demandé, puis que s'est-il passé ? En colère, le peuple a coupé les pieds du chameau et a de nouveau défié le prophète d'accomplir sa menace de

jugement. Finalement, le lendemain matin, ils sont tous morts dans leur lit.
"

Il y a environ dix-sept endroits dans le Coran où le Prophète a défié de montrer un signe, mais il leur a donné à tous la même réponse. Après un certain temps, les prêtres se sont à nouveau approchés d'Abou Talib et lui ont demandé d'abandonner son neveu. Mais l'homme honorable a déclaré son intention de protéger le Prophète contre tout mal. Les infidèles continuent de torturer le Prophète et ses disciples partout où il est allé. Mais le Prophète a continué à prêcher au peuple, et il a gagné de plus en plus d'adeptes.

LA CONVERSION DE L'UMER (R.A)

L'événement le plus notable qui s'est produit à cette époque a été la conversion de Umer (R.A). Il était l'un des ennemis les plus enragés de l'Islam et du Prophète. Il était un bourreau des musulmans et tout le monde le craignait.

On raconte qu'un jour, dans une pure colère, Umer a décidé de tuer le Prophète et qu'il a quitté sa maison avec cette intention. Alors qu'il s'approchait de la maison du Prophète, un homme l'a arrêté. Lorsque l'homme a appris ce qu'Umer préparait, il lui a dit : "Ta soeur et son mari ont eux aussi embrassé l'Islam. Pourquoi ne retournes-tu pas chez toi pour remettre les choses en ordre ?"

Umer était furieux d'apprendre que sa soeur et son mari étaient devenus musulmans. Il a immédiatement changé de direction et s'est rendu chez sa soeur. En s'approchant de leur maison, il a pu entendre le son du Coran récité.

Umer s'est dirigé vers la maison et a frappé à la porte. Lorsque la soeur et son mari ont entendu frapper à la porte, ils se sont empressés de cacher le livre. Umer est entré dans la maison et a demandé à savoir quel était le bourdonnement qu'il avait entendu. La soeur d'Umer lui répondit que c'était le bruit qu'ils faisaient en se parlant. Mais Umer connaissait bien le son du Coran, alors il leur demanda avec colère.

"Êtes-vous devenus musulmans ?"

"Oui, nous l'avons fait", répondit le mari de la sœur.

Umer était tellement en colère qu'il l'a frappé et quand sa sœur a essayé de défendre son mari, il l'a frappée aussi au visage. Le sang a commencé à couler de son visage à ce moment-là. La sœur d'Umer s'est levée et a fait face à son frère en colère en disant : "Tu es un ennemi de Dieu ! Tu m'as frappé juste parce que je crois en Dieu. Que cela vous plaise ou non, je témoigne qu'il n'y a pas d'autre dieu qu'Allah et que Mohammed est son esclave et son messager. Fais ce que tu veux ! "

Umer a vu le sang couler sur le visage de sa sœur. Ses mots résonnaient dans ses oreilles. Il exigea que lui soient récitées les paroles du Coran qu'il avait entendues en s'approchant de la maison. Sa sœur lui demanda de se laver avant de réciter ces mots. Umer accepta, se nettoya et revint. Lorsque sa sœur lui a récité les paroles du Coran, cela lui a rempli les yeux de larmes chaudes.

"C'est à cela que nous étions confrontés ?" s'est-il écrié. "Celui qui a prononcé ces mots a besoin d'être adoré. "Umer quitta la maison de sa sœur et se précipita vers le Messager d'Allah (P.B.U.H).

Ceux qui étaient avec le Prophète avaient peur d'Umer, alors ils ont essayé de l'arrêter.

Le Prophète lui demanda : "Pourquoi es-tu venu ici, fils de Khattab ?"

Umer fit face au prophète avec humilité et joie, et dit : "Ô Messager de Dieu ! Je suis venu sans aucune raison, si ce n'est pour dire que je crois en Dieu et en son messager. "Le Prophète a été pris de joie et a crié qu'Allah est grand.

La conversion d'Umer (R.A) a eu un effet miraculeux sur les habitants de La Mecque. De plus en plus de gens suivent maintenant le prophète. Les infidèles ont alors rendu la vie du prophète encore plus difficile. Ils ont imposé une interdiction totale de tout contact avec la famille du prophète. Le Prophète a été forcé de quitter La Mecque à cause de cette interdiction. Pendant cette période, le prophète et ses disciples sont restés pour la plupart à l'intérieur et l'Islam n'a pas progressé à l'extérieur. Pendant les mois sacrés, lorsque les gens n'étaient pas violents, le prophète sortait pour prêcher. L'interdiction faite à la famille du prophète a été levée au bout de trois ans et il est retourné à La Mecque.

L'année suivante, son oncle, Abu Talib (R.A) et sa femme, Khadija (R.A), sont morts. Le prophète avait perdu son gardien qui le protégeait des ennemis et Khadija (R.A) était sa compagne la plus encourageante. Après la mort de sa femme, le prophète épousa une veuve, Sawda (R.A). Elle et son mari avaient émigré en Abyssinie dans les premières années de la persécution. Après la mort de son mari, elle est revenue à La Mecque et a cherché l'abri du Prophète. Le Messager d'Allah (P.B.U.H), reconnaissant ses sacrifices pour l'Islam, a prolongé son refuge en l'épousant.

LA NUIT DU JOUR-AL-ASRA

Une nuit calme à La Mecque, un an avant la migration vers Médine, le prophète Muhammad (P.B.U.H) dormait quand l'ange Jabrael (A.S) lui est apparu. Il a ouvert la poitrine du prophète, lui a retiré le cœur et l'a lavé avec de l'eau "Zam Zam". Il a ensuite apporté un vase en or, contenant la sagesse et la foi. Il a vidé le vase dans la noble poitrine du prophète et l'a ensuite refermé. Le prophète vit alors un animal blanc, plus petit qu'un cheval mais plus grand qu'un âne, avec des ailes de chaque côté de ses pattes arrière.

Le Prophète a monté l'animal et s'est envolé pour Bait-ul-Maqdas à Jérusalem. Cette partie du voyage est appelée "Al-Isra". Après avoir écarté l'animal, le prophète est entré dans la mosquée Al-Aqsa et a prié. Il a ensuite vu ses prédécesseurs, Musa (A.S), Isa (A.S) et Ibrahim (A.S), se tenir devant lui. Le Prophète les a ensuite conduits à prier. Le Prophète a ensuite remonté l'animal et est monté vers les cieux. Ce voyage est connu sous le nom de "Al-Mairaj". Pendant le voyage du premier ciel au septième ciel, l'ange Jabrael (A.S) a conduit le Messager d'Allah (P.B.U.H) à voir de nombreuses scènes dont le paradis et l'enfer. Dans le paradis, il a vu des habitations faites de perles et leurs sols en musc. Il a également été emmené en enfer, où Allah lui a révélé des scènes du futur. Il a vu des gens recevoir des punitions terribles pour différents péchés. Ensuite, l'ange a conduit le Prophète à l'arbre de la lote. De ce point du voyage, le Prophète Muhammad (P.B.U.H) est monté plus loin sans Jabrael (A.S). Au-dessus du septième ciel, "La-Makan" a commencé là où aucun être n'est jamais allé. Là, Allah (S.W.T) a parlé au prophète

Muhammad (P.B.U.H) directement et lui a révélé les derniers versets de "Al-Baqara". C'est au cours de ce voyage miraculeux qu'Allah (S.W.T) a donné le cadeau de la "Salah" au prophète et a rendu les prières quotidiennes obligatoires. Au départ, cinquante prières quotidiennes ont été rendues obligatoires. Mais lorsque le Prophète a reçu ces instructions d'Allah et qu'il est descendu, il a rencontré Musa (A.S). Le prophète Musa (A.S) lui a demandé quels étaient les cadeaux qu'Allah lui avait offerts pour sa "Oumma". Lorsque le prophète Muhammad (P.B.U.H) l'a informé des 50 prières, la Musa (A.S) a dit

"Votre peuple ne pourrait pas faire cinquante prières par jour. J'ai essayé les gens avant vous. J'ai dû m'occuper des enfants d'Israël et cela a été très difficile pour moi. Retourne à ton Seigneur et demande-lui de réduire le fardeau de ta Oumma."

Le Prophète a fait ce qu'on lui a conseillé et est retourné à Allah. Allah l'a réduit à quarante-cinq, mais lorsqu'il est revenu à la Musa (A.S), il a suggéré de retourner au Seigneur et de demander une nouvelle réduction pour la même raison. Cela se produisit plusieurs fois, et le Prophète continua à faire des allers et retours jusqu'à ce qu'Allah dise : "Il y aura cinq prières par jour, et chacune sera récompensée comme dix, ce qui équivaut à 50 prières par jour".

Le Prophète a ensuite rencontré une nouvelle fois Musa (A.S) et l'a informé des cinq prières quotidiennes. Musa (A.S) lui a répété qu'il devait y retourner. Cependant, le Prophète a dit, "J'ai demandé à mon Seigneur jusqu'à ce que je sois trop timide pour lui faire face. J'accepte cela et je me soumets à lui".

Le Prophète est alors rentré chez lui et a trouvé son lit encore chaud. Le Messager d'Allah (P.B.U.H) a raconté ce voyage aux croyants et leur a annoncé la bonne nouvelle.

LA HIJRAH VERS MADINA

L'Islam se répand rapidement dans la région. Et à cause de cela, les mécréants étaient furieux. Un jour, les dirigeants ont décidé de tuer le Prophète. Ils élaborèrent un plan, dans lequel un homme était choisi dans chacune de leurs tribus, et prévoyaient d'attaquer le Prophète simultanément la nuit. Allah a informé le Prophète de leurs plans cette nuit-là et lui a demandé de quitter Makkah immédiatement.

Le Messager d'Allah (P.B.U.H) a quitté La Mecque avec Abu Bakr (R.A) dans l'obscurité de la nuit. Ils se sont rendus au sud de La Mecque, sur une montagne, dans la "grotte de Thawr". Après y avoir passé trois nuits, ils se sont rendus à Médine. C'est le début d'une nouvelle ère dans la vie du Messager d'Allah (P.B.U.H). Cette époque est connue sous le nom de "Hijrah", qui signifie la migration du prophète de la Mecque, sa ville natale. Le calendrier islamique commence avec cet événement.

Lorsque les infidèles ont entendu parler de cela, ils ont offert une récompense de cent chameaux à celui qui attraperait le Prophète. Mais malgré leurs meilleures équipes de recherche, le Prophète est arrivé sain et sauf à Médine. Les habitants de Médine ont réservé un accueil chaleureux au Prophète.

Un par un, les croyants de La Mecque sont partis pour Médine, laissant derrière eux leurs propriétés et leurs maisons.

Lorsque le Prophète et son peuple se sont installés à Médine, la ville était gouvernée par de nombreuses tribus différentes. Ces tribus se disputaient constamment entre elles. Ce n'est qu'à l'arrivée du Prophète qu'elles ont fait la paix entre elles. Les hommes de la tribu ont oublié les vieilles querelles et se sont unis dans le lien de l'Islam. Le Prophète, afin d'unir tout le monde dans des liens plus étroits, a établi entre eux une fraternité. La première mesure prise par le Prophète après s'être installé à Médine, fut de construire une mosquée pour le culte d'Allah. Puis le Prophète a rédigé une charte pour que les différentes personnes vivent ensemble de manière ordonnée, en définissant clairement leurs droits et leurs obligations. Cette charte a représenté le cadre du premier commonwealth organisé par le Prophète. Après son émigration à Médine, les ennemis de l'Islam ont multiplié les attaques de toutes parts. Les batailles de Badr et Uhud se sont déroulées près de Médine.

La renommée du Messager d'Allah (P.B.U.H) s'est désormais largement répandue. De nombreuses délégations de toutes les régions d'Arabie sont venues rendre visite au Prophète. Lorsqu'elles ont appris les enseignements du Prophète, elles ont été impressionnées et sont devenues des disciples du Prophète. Le Prophète a également envoyé beaucoup de ses compagnons qui connaissaient le Coran par cœur dans de nouveaux pays. Ils ont été envoyés pour prêcher l'Islam aux personnes qui y vivaient.

Il a également écrit des lettres à plusieurs rois et souverains pour les inviter à l'Islam. Najashi, le roi d'Abyssinie, a été l'un des premiers souverains à accepter l'islam. Il a été suivi par de nombreux autres rois et souverains.

LA VICTOIRE DE LA MAKKAH

Environ deux ans plus tard, à la fin de l'année 629 de notre ère, les mécréants ont violé les termes et ont attaqué les disciples du Prophète. Les hommes qui ont réussi à s'échapper, se sont réfugiés à La Mecque et ont demandé l'aide du prophète pour sauver leur vie. Le Prophète a reçu leur message et a confirmé tous les rapports d'attaque. Le Prophète a alors marché vers la Mecque avec trois mille hommes. Lorsqu'il est arrivé à l'extérieur de La Mecque, ses disciples des terres voisines l'avaient rejoint et ils étaient maintenant plus de dix mille personnes.

"Sauf pour ceux qui sont patients et font de bonnes actions ; ceux-là auront le pardon et une grande récompense." [Hud 11:11]

Avant d'entrer dans la ville, il a fait savoir aux citoyens de La Mecque que tous ceux qui resteraient chez lui, chez Abou Sufyan ou dans la Kaa'ba seraient en sécurité. L'armée est entrée à La Mecque sans combattre et le Prophète s'est rendu directement à la Kaaba. Il a remercié Allah (S.W.T) pour l'entrée triomphale dans la ville sainte. Il a ensuite pointé du doigt chaque idole avec un bâton qu'il avait à la main, et a dit

"La vérité est venue et le mensonge a disparu. Il est certain que le mensonge est condamné à disparaître!"

Et une par une, les idoles sont tombées. La Kaa'ba a ensuite été nettoyée par le retrait des trois cent soixante idoles et a retrouvé son statut d'origine.

Le prophète s'est alors tenu à côté de la Kaa'ba et a dit : "O infidèles, que croyez-vous que je vais faire de vous ? "

"Tu es un noble, fils d'un noble frère."

Le Messager d'Allah (P.B.U.H) leur a pardonné en disant : "Je vous traiterai comme le Prophète Yusuf (A.S) a traité ses frères. Il n'y a aucun reproche à vous faire. Rentrez chez vous et vous êtes tous libres".

Les habitants de La Mecque ont accepté l'Islam, y compris les ennemis jurés du Prophète. Peu de ses ennemis avaient fui la ville lorsque le Prophète y avait fait son entrée. Mais, lorsqu'ils ont reçu l'assurance du prophète qu'il n'y aurait ni représailles ni contrainte religieuse, ils sont revenus progressivement à La Mecque. En un an, en 630 de notre ère, presque toute l'Arabie avait accepté l'Islam.

Le Prophète a effectué son dernier pèlerinage en 632 de notre ère. Cette année-là, environ cent trente mille hommes et femmes ont fait le pèlerinage avec lui.

Deux mois plus tard, le Prophète est tombé malade et après plusieurs jours, il est décédé le lundi 12 Rabbi-ul-Awwal, la onzième année après Hijrah à Médine.

Le prophète Muhammad (P.B.U.H) a vécu une vie des plus simples, austères et modestes. Lui et sa famille se privent pendant des jours de repas cuisinés, ne comptant que sur les dattes, le pain sec et l'eau. Pendant la journée, il était l'homme le plus occupé, car il exerçait ses fonctions dans de nombreux rôles à la fois, comme chef d'État, juge en chef, commandant en chef, arbitre et bien d'autres encore. La nuit, il était également l'homme le plus dévoué. Il passait un à deux tiers de chaque nuit à méditer et à prier Allah (S.W.T) pour sa Oumma. Les possessions du Prophète comprenaient des nattes, des couvertures, des cruches et d'autres choses simples, même lorsqu'il était le souverain de toute l'Arabie.

Le prophète Muhammad (P.B.U.H) a été enterré à Médine. Un dôme de couleur verte est construit au-dessus de la tombe du Prophète et le long de celui-ci se trouvent les premiers califes musulmans, Abu Bakr (R.A) et Umer (R.A). Le dôme est situé dans l'angle sud-est de Al-Masjid al-Nabawi (Mosquée du Prophète).

Pages Couleur Premium Couverture Rigide

ISBN 978-1-990544-53-8

ISBN 978-1-990544-52-1

ISBN 978-1-990544-54-5

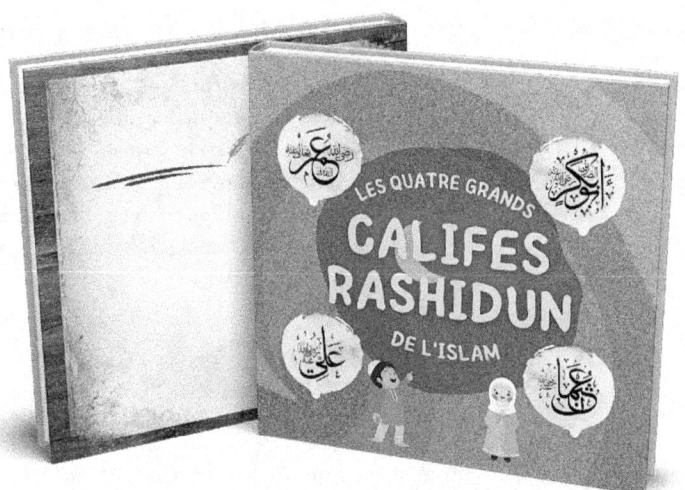

ISBN 978-1-990544-55-2

*Suche nach der ISBN auf der Website des Händlers

Pages Couleur Premium Couverture Rigide

ISBN 978-1-990544-53-8 Pourquoi Nous Aimons Notre Prophète Muhammad ﷺ?

Ce livre magnifiquement conçu répand le parfum de l'amour et de la compassion dont fait preuve le Saint Prophète ﷺ par ses enseignements et ses actions. Sa miséricorde englobe tout le monde ; c'est-à-dire les enfants, les serviteurs, les pauvres, les animaux et les oiseaux, et surtout sur sa Ummah (nation musulmane).

Les enfants apprendront également à aimer en retour le Messager d'Allah ﷺ pour son immense sacrifice et son combat pour la propagation de l'Islam, et à étendre l'empathie autour de nous.

ISBN 978-1-990544-52-1 Anges & Jinn; Qui sont-ils?

Les enfants musulmans s'interrogent souvent sur le concept d'anges et de jinns.

Sont-ils réels ou s'agit-il seulement d'un mythe ? Quand et pourquoi ont-ils été créés ? Sont-ils plus puissants que les êtres humains ? Comment peuvent-ils nous aider ou nous nuire ?

Ce livre magnifiquement conçu répond à toutes les curiosités des enfants sur la réalité des Anges et des Jinns. Les enfants apprendront les croyances islamiques les concernant et exploreront l'univers invisible d'Allah (S.W.T) qui nous entoure.

ISBN 978-1-990544-54-5 Qu'est-ce que la Religion?

Les enfants musulmans s'interrogent souvent sur les religions dans le monde moderne d'aujourd'hui.

Quelles sont les différences entre leurs adeptes ? Comment se sont-ils formés et répandus ? Pourquoi Allah Tout-Puissant a envoyé de nombreux prophètes et messagers ? Quelle est l'unicité et l'authenticité de l'Islam et du Prophète Muhammad ﷺ ?

Ce livre magnifiquement conçu répond à toutes les curiosités des enfants sur les différentes religions et aide les parents à expliquer le concept et l'authenticité de la dernière vraie religion, l'Islam.

ISBN 978-1-990544-55-2 Califes Rashidun

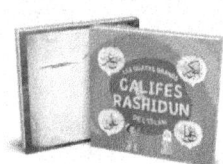

L'histoire de la vie de quatre grands compagnons du Prophète Muhammad ﷺ

Ce livre magnifiquement conçu explique aux enfants les grands enseignements du Prophète Muhammad ﷺ à ses Compagnons (R.A) qui ont complètement transformé leur état d'esprit, et plus tard comment ils ont mis en œuvre ces enseignements pour inspirer les amis et les ennemis ensemble.

Apprenez comment ces quatre califes bien guidés sont devenus un modèle de leadership et ont créé pour la première fois le concept d'État-providence pour le monde contemporain.

*Suche nach der ISBN auf der Website des Händlers

www.ingramcontent.com/pod-product-compliance
Lightning Source LLC
Chambersburg PA
CBHW051815290426
43673CB00094BB/212